ACTION POPULAIRE

Les Associations du Capital

ACTION POPULAIRE
5, rue des Trois-Raisinets, 5
REIMS

A. NOËL « Maison Bleue »
4, rue des Petits-Pères, 4
PARIS (2e)

ACTION POPULAIRE

Les Associations du Capital

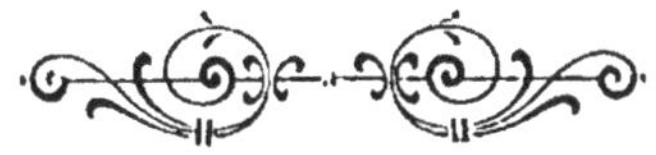

ACTION POPULAIRE
5, rue des Trois-Raisinets, 5
REIMS

A. NOËL « Maison Bleue »
4, rue des Petits-Pères, 4
PARIS (2e)

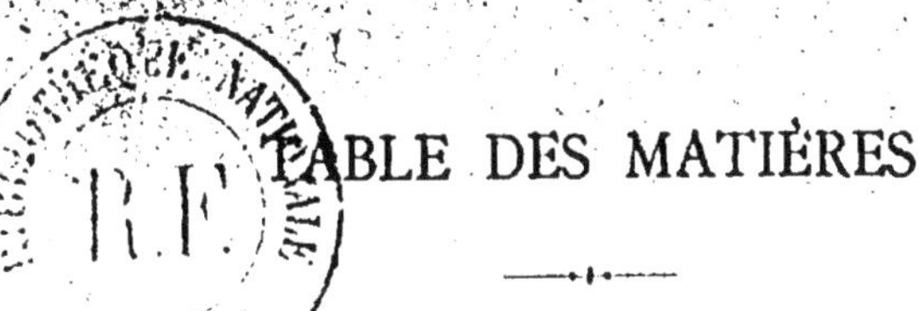

TABLE DES MATIÈRES

CHAPITRE PREMIER

LES SOCIÉTÉS ANONYMES

SECTION PREMIÈRE

Régime économique des sociétés anonymes.

Etant donné l'état et la répartition du capital dans les nations de premier ordre, quelle est, en fait, l'organisation des « sociétés de capitaux » ? C'est ce que décideront divers facteurs : développement économique du pays, esprit d'entreprise, concentration des richesses en quelques mains ou diffusion de la fortune en un grand nombre de bourses moyennes et petites.

D'une manière générale, il est sûr que la société anonyme a pris dans notre système de production une part prépondérante, si bien qu'on peut dire : l'essor du monde moderne est dû à deux grandes inventions : la machine à vapeur et la société par actions [1]. Non pas qu'elle fût ignorée du passé ; les Compagnies coloniales des grands peuples commerçants : Hollandais, Anglais, Français, connaissaient parfaitement cette méthode financière, et les Anglais, puis les Français du XVIIIe siècle n'ont pas laissé grand'chose d'inédit à leurs enfants et petits-enfants, en fait d'émissions frauduleuses, d'exploitation de la main-d'œuvre nègre et infantile, de manœuvres boursières et d'agiotage [2]. Mais ces Compagnies étaient rares, et la presque totalité des entreprises, même dans la grande industrie naissante, appartenait aux exploitants, aidés parfois des membres de leur famille, de quelques commanditaires et des avances de l'Etat.

L'application de la vapeur à l'industrie a révolutionné avec son outillage l'organisation financière du travail : l'exécution des travaux publics, la construction des canaux, des ports, l'« hausmannisation » de Paris et des grandes villes..., défiaient les fortunes les plus considérables de l'époque. Seul pouvait les réaliser celui

---

1. F. Delaisi : Comment connaître la situation d'un industriel ? *Vie ouvrière*, 5 juin 1912.

2. V. g. Les grandes oscillations des dividendes étaient une des causes de ces spéculations : la Compagnie hollandaise des Indes orientales a distribué en 1605 et les années suivantes 15 %, 75 %, 40 %, 20 %, 25 %, 50 %. De même, il y avait déjà des spéculations à terme à la Bourse d'Amsterdam sur les actions de la Compagnies des Indes Occidentales, et en 1610, le gouvernement chercha à en enrayer les excès. Cf. Liefmann, *Unternehmungs formen*, p. 58.

qui, maintenant encore, est plus riche que tous les Rothschilds, M. Tout le Monde. Pour l'attirer, la loi du 24 juillet 1867 lui fit courir la chance de gains illimités contre une perte réduite à sa mise, et les petites bourses devinrent les créatrices de cet outillage industriel qui, pour les seuls chemins de fer et canaux français, représente un capital de 20 milliards.

Ainsi, dès qu'une industrie prend des proportions considérables : mines, hauts-fourneaux, transports, sociétés d'éclairage, d'alimentation..., elle doit — en général, c'est nécessaire — prendre la forme anonyme; de même lorsqu'une usine, à la mort du chef de famille, est partagée entre plusieurs héritiers, à la deuxième ou troisième génération, les descendants se partagent en actions leur propriété commune, pour lui maintenir à la fois son caractère de division et d'unité; c'est aussi pour un industriel une manière plus commode, plus alléchante de se procurer des prêteurs, de trouver des remplaçants à ses capitaux qui, habilement placés dans une ou plusieurs autres entreprises, donneront à leur propriétaire plus de sécurité et d'influence commerciale.

SECTION DEUXIÈME

Statistiques des sociétés anonymes.

Statistiques d'ensemble.

D'après les économistes, les Français posséderaient en France et à l'étranger près de 85 milliards de valeurs mobilières (il faut soustraire, bien entendu, les emprunts publics).

D'après la statistique récente des valeurs mobilières cotées officiellement à la Bourse de Paris, il y aurait 37 milliards d'actions et obligations de sociétés françaises par actions [1]. Entre 1871 et 1911, le nombre

1. M. Ch. Dumont, ministre des Finances, faisait parvenir, en juin 1913, à la Commission du Budget, la statistique suivante des émissions et introductions sur les principaux marchés financiers (en millions de francs).

	France			Allemagne			Angleterre	
	Total général.	Valeurs industrielles françaises,	étrangères.	Total.	Valeurs ind. allemandes,	étrang.	Total.	Valeurs industrielles
1908	3.480	634	1.709	3.882	1.311	1.123	4.805	
1909	4.294	1.630	1.700	3.963	2 073	359	4.559	2.629
1910	5.611	779	3.098	3.208	2.174		6.696	4.393
1911	4.696	807	2.893	3.034	2.358		4.794	3.633
1912	5 041	1.648	2.651				5.271	4.112

(*Economiste moderne*, 1er juillet 1913, p. 6.)

des titres régionaux : métallurgie, filatures, stéarineries, produits chimiques, surtout industries électro-métallurgiques, automobiles, hydro-électriques, introduits sur le marché de Lyon, représentent un capital au pair de près de 3 milliards. Les sociétés industrielles et commerciales, traitées sur le marché de Lille, représentent un capital nominal de 998 millions.

Pour l'Angleterre (1904), le capital de ces sociétes s'élève à 70 milliards et demi. Aux Etats-Unis (1900), les sociétés par actions fournissent 59,5 % du produit de l'industrie ; la proportion s'élève même à 81,4 % dans l'industrie chimique, à 89,9 % dans celle du coton, et 93,6 % dans celle du fer et de l'acier.

Au 30 septembre 1909, l'Office impérial allemand de statistique comptait 5.222 sociétés par actions (en activité), au capital nominal de 14.737 millions de marks. En Autriche, fin 1906, existaient 740 sociétés par actions (dont 132 Compagnies de chemins de fer), au capital de 3.400, 3 millions de couronnes.

Pour l'ensemble des nations le *Moniteur des Intérêts matériels de Bruxelles* publie les chiffres suivants qui donnent quelques renseignements sur les émissions des actions des principales Sociétés anonymes :

Pays emprunteurs	Emprunts d'Etats provinces, villes.	Etablissements de crédit.	Chemins de fer Sociétés industrielles.
Allemagne et colonies. .	828.212.500	1.010.612.500	932.512.500
Amérique latine	1.148.000.000	767.500.000	769.000.000
Autriche-Hongrie. . . .	607.110.000	230.090.000	89.500.000
Belgique	96.995.000	79.700.000	241.500.000
Bulgarie	6.000.000	1.500.000	4.500.000
Canada.	96.600.000	112.500.000	821.500.000
Chine	175.000.000		36.500.000
Danemark	28.000.000		14.000.000
Egypte		6.500.000	7.000.000
Espagne	24.000.000	23.000.000	250.000.000
Etats-Unis	440.000.000	5.000.000	3.188.000.000
France et colonies . . .	85.500.000	214.000.000	1.032.500.000
Grande-Bretagne et col.	347.000.000	333.400.000	1.295.107.500
Grèce	128.000.000		9 000.000
Italie.	7.000.000	43.000.000	110.000.000
Norvège	55.550.000	20.000.000	9.000.000
Pays-Bas et Colonies . .	218.400.000	70.400.000	121.200.000
Perse.	30.156.500		2.500.000
Portugal	26.000.000	32.000.000	29.111.500
Roumanie		63.000.000	14.000.000
Russie	794.500.000	218.500.000	453 000.000
Suisse	70.000.000	113.000.000	57.000.000
Turquie	160.000.000		28.500 000

Pour se borner plus spécialement aux entreprises françaises, un inventaire général, dressé en 1901 sous la direction de M. Fernand Faure, alors directeur général de l'Enregistrement, constatait l'existence en France de plus de 6.300 sociétés par actions, dont le nombre s'accroît chaque année de plus d'un millier [1].

Avec le mouvement toujours plus accentué de concentration dans les entreprises industrielles et commerciales, se développe le nombre des sociétés anonymes; mais cette forme d'entreprise se rencontre aussi dans les exploitations les plus modestes. Parmi les sociétés créées pendant le deuxième semestre de 1912, le « Bulletin annexe au Journal Officiel » cite une société au capital de 3.750 francs pour produits alimentaires, une autre de 30.000 francs pour maison d'éducation, une de 50.000 francs pour « sciage intensif et rationel au fil hélicoïdal perfectionné »...

Force de travail au service des sociétés anonymes.

On peut apprécier l'importance des sociétés anonymes en France par le nombre des ouvriers et employés qu'elles ont à leur service.

D'après le recensement du 4 mars 1906 (dont certains résultats n'ont été publiés qu'en 1910), il y a en France 20.720.879 personnes exerçant une profession. Le recensement classe dans la catégorie des chefs d'établissements 6.286.000 personnes; dans la catégorie des employés et ouvriers, 9.670.000 personnes; dans la catégorie des travailleurs isolés, 4.171.000 personnes.

Si l'on examine spécialement l'industrie et le commerce [2], où se rencon-

1. Cf. *Les grands marchés financiers*, p. 42, p. 128. Les chiffres indiqués sont ceux du capital nominal, lequel a parfois joui de plus-values énormes. Ainsi sur le marché de Lille, les actions de charbonnages ont une valeur nominale de 97 millions, une valeur réelle de 2.290 millions; les actions d'aciéries une valeur nominale de 130 millions, une valeur réelle de 250.

2. Nous ne parlons pas de l'agriculture où la société anonyme n'a pas, ou même suivant certains spécialistes, ne peut avoir une large extension. Cependant, d'après M. P. Messier (*Bulletin du Syndicat central des agriculteurs de France*, 1er mai 1912), « dans les départements de l'Aisne et des Ardennes, tout particulièrement, il n'est point rare de rencontrer des domaines de 700 à 2.000 hectares, comprenant sucreries et distilleries et appartenant soit à des sociétés anonymes, soit à des sociétés en commandite. L'organisation de ces grosses affaires est copiée sur celle des grandes firmes industrielles, métallurgiques et minières... En Allemagne, il existe de très grosses exploitations agricoles dans lesquelles le personnel directeur est choisi parmi les spécialistes ayant fait leurs preuves, et la marche de ces sociétés assure une rémunération intéressante des capitaux engagés. » D'après M. Messier (*Bulletin*, 1er juin 1911), seules les sociétés anonymes d'exploitations industrielles et agricoles pourraient assurer à l'agriculture des capitaux qui lui manquent actuellement et qui lui sont nécessaires pour se mettre à la hauteur des découvertes de la science et de l'économie rurales (outillage perfectionné, annexion aux exploitations d'industries permettant d'utiliser sur place la presque totalité des récoltes et donnant en hiver du travail aux ouvriers agricoles, fermes spacieuses, aérées, répondant aux besoins nouveaux, maisons ouvrières...) Les directeurs compétents de ces grandes sociétés se trouveront facilement dans les hautes écoles d'agriculture...

trent pour le moment les difficultés les plus aiguës de la question ouvrière, on trouve que, sur les 9.670.000 employés et ouvriers, 4.153.321 sont occupés dans l'industrie, 873.651 dans le commerce.

Or, — pour ne passer en revue que les groupements les plus nombreux et les plus importants — l'industrie métallurgique, qui occupe 828.000 personnes (sans compter les 45.000 ouvriers et ouvrières de l'Etat), nécessite souvent, par l'énormité de ses capitaux, la forme anonyme. (En passant, on peut signaler qu'en Allemagne la société anonyme Krupp occupe en 1912 : 71.221 personnes[1].)

L'industrie des mines nécessite généralement la forme de la société anonyme. Elle occupe, en France, 205.900 personnes. La manutention et les transports occupent 600.000 personnes. Il suffit de faire remarquer que les chemins de fer en occupent 324.592, les tramways 28.000, les transports par eau 64.000, les transports par terre 124.000, toutes entreprises où la société anonyme obtient une place prépondérante.

Les industries textiles occupaient 914.000 personnes en 1906. Or, même dans cette forme d'industrie où le fini des manipulations, les brusques transformations de la mode exigent l'attention, la souplesse, la surveillance, qualités qui se trouvent beaucoup plus souvent chez le patron propriétaire de son usine que chez le directeur d'une société anonyme, même en France où la très grande industrie s'est moins développée qu'en Angleterre ou en Allemagne, presque 1/6 des établissements sont anonymes.

Dans l'industrie chimique (125.000 ouvriers, sans compter 23.000 ouvriers et ouvrières de l'Etat), dans les carrières et marais salants (75.000 ouvriers), la société anonyme permet seule de réunir les capitaux nécessaires, v. g. St-Gobain.

Sur les 873.651 ouvriers et ouvrières qu'emploie en France le commerce, il en est sans doute un très grand nombre qui sont attachés à de petits patrons indépendants. On ne peut cependant négliger le chiffre énorme des salariés occupés dans les immenses sociétés anonymes. Il suffit de citer, pour les magasins : le Bon Marché, le Louvre, le Printemps..., les Nouvelles Galeries Réunies, qui organisent les grands bazars de nombreuses villes, les grands magasins locaux ; pour l'alimentation, outre Potin, on peut citer, v. g. dans la région de St-Etienne, le Casino de St-Etienne avec 330 succursales, l'Alimentation Stéphanoise, avec 300 succursales ; dans la région de l'Est, les Etablissements Economiques, avec 339 succursales, surtout les Docks rémois, les Comptoirs français, ayant chacun 500 succursales, les Etablissements Goulet-Turpin, 300. Les « Planteurs de Caïffa » auraient pour la vente du café 3.000 voitures en circulation, la maison Debray 1.000. La société Maggi vend du lait dans 550 succursales (Paris et banlieue). Dans l'industrie des restaurateurs, avec les sociétés Duval, Boulant, Chartier ; dans l'hôtellerie avec les « Palaces », la société anonyme s'est créé une grande importance.

1. Voici quelques exemples plus marquants : la Société Châtillon-Commentry dans ses usines ou dans ses mines occupe plus de 7.300 ouvriers, la Société des mines, fonderies d'Alais, plus de 2.200, la Compagnie française des métaux 4.000, les aciéries de Sambre-et-Meuse 1.500, la Compagnie de Commentry près de 10.000 ouvriers, les aciéries de France 2.000, Denain-Anzin 6.100, les aciéries de Micheville 4.100, sans citer un assez grand nombre d'autres usines en forme de sociétés anonymes qui occupent 500, 800, 1.100 ouvriers et plus encore.

Inutile de mettre en relief la prépondérance des grandes sociétés anonymes de crédit : la Banque de France avec ses 128 succursales et ses 69 bureaux auxiliaires, les 4 grands établissements de crédit (Crédit Lyonnais, Société Générale, Comptoir d'Escompte, Crédit industriel et commercial), avec leurs 985 succursales, les grandes banques régionales (Société Nancéenne de Crédit Industriel, Société Marseillaise, Crédit du Nord...) qui essaiment les succursales dans toute une contrée.

Donc, à ne considérer que le nombre des ouvriers employés, les sociétés anonymes ont dans le monde industriel commercial de nos jours une place des plus importantes. Avec la concentration des entreprises, la proportion des patrons indépendants diminue vis-à-vis du nombre sans cesse grossissant des salariés. En Allemagne (où la diminution est particulièrement rapide), de 35 % en 1882, la proportion des entrepreneurs d'industrie et de commerce (en comptant parmi eux les chefs d'atelier à domicile et parmi les salariés les ouvriers à domicile isolés), est tombée à 26 % en 1895. Si l'on met de côté les travailleurs isolés, la proportion tombe de 17,3 à 12,2 % dans l'industrie, et de 26,3 à 22,9 % dans le commerce. La statistique suivante indique clairement les progrès de la concentration dans les établissements commerciaux de France.

	1896	1901	1906
	—	—	—
Occupaient de 500 à 1.000 employés	5	6	13
1.001 à 2.000	7	4	6
2.001 à 5.000	3	5	6
Plus de 5.000	0	1	1

Or, cette progression est surtout en faveur des sociétés anonymes.

Bien entendu, si les *sociétés anonymes occupent une part toujours plus considérable des ouvriers et employés, elles attirent à elles une proportion toujours plus forte des capitaux engagés dans le commerce et l'industrie.*

Capital des sociétés anonymes.

En 1900, il était coté à la Bourse de Paris pour 66 milliards et demi de titres de toutes sortes, dont 16 environ en actions. Pour établir le capital des sociétés anonymes, il faut ajouter encore au montant des actions celui des obligations.

Le total des émissions pour les actions seules a atteint sur le marché allemand en 1908, 430 millions de marks; en 1909, 486 millions de marks; en 1910, 409; en 1911, 650; en 1912, 891. Sur le marché français : en 1912. 1.687 millions de francs. Quelques indications sur le capital de plusieurs sociétés anonymes aideront encore mieux à comprendre l'importance absolue et surtout relative de cette forme d'entreprises.

Dans l'industrie des mines, la très grande majorité des exploitations sont à forme anonyme. Dans l'industrie métallurgique de même.

Pour les Compagnies de chemins de fer, donnons quelques chiffres (sans compter la plus-value des actions : même pour des Compagnies comme celle du Midi, l'action de 500 francs valait en 1908 : 1.138 fr. 17, et au

28 février 1913 : 1.132 francs; l'action du Nord, 500 francs, valait, au 28 février 1913 : 1.670 francs); l'Est est au capital de 292 millions (sans compter les obligations); le Midi : 125 millions; le Nord : 231.875.009 fr.; l'Orléans : 300 millions ; le P.-L.-M. : 460 millions.

Si l'on additionne le seul capital nominal des autres sociétés françaises de chemins de fer les plus notables (chemins de fer d'Algérie, des colonies, des départements, métropolitain, Nord-Sud), on arrive à un total de plus de 460 millions (sans compter les obligations : or le « Bône-Guelma » a émis 402.296 obligations de 500 fr., la Compagnie des chemins de fer départementaux 215.659 de 500 fr., le « Métropolitain » 200.000 de 500, de même le « Nord-Sud », la Compagnie des chemins de fer du Sud de la France : 273.111 de 500 fr....)

Les sociétés françaises les plus importantes de transport par tramways, omnibus, voitures, représentent un capital de plus de 530 millions (Compagnie générale des omnibus : 80 millions, sans compter 100.000 obligations à 500 fr.; Société parisienne pour l'industrie des chemins de fer et des tramways électriques, 50 millions; Compagnie des tramways de l'Est parisien, 33.600.000 fr.; Compagnie générale française des tramways, 50 millions).

Les Compagnies françaises de transports maritimes, de docks..., s'élèvent à un capital d'au moins 170 millions (Messageries Maritimes : 45 millions, plus 200.000 obligations de 500 fr.; Compagnie Générale Transatlantique : capital de 39 millions, plus 357.980 obligations de 500 fr.); celles de l'industrie des eaux, du gaz et de l'électricité à un capital de près de 1 milliard, sans compter les obligations (Compagnie générale des eaux, 40 millions; Compagnie générale des eaux pour l'étranger, 40 millions; Société d'éclairage, chauffage et force motrice, 50 millions; Compagnie générale du gaz pour la France et l'étranger, 25 millions; Société du gaz de Paris, 30 millions; Société de l'Union des gaz, 35 millions; Compagnie française pour l'exploitation des procédés Thomson-Houston, 60 millions; Compagnie générale d'électricité, 25 millions; Energie électrique du littoral méditerranéen, 38 millions), les Sociétés françaises dans l'industrie métallurgique représentent un capital (en actions) de plus de 600 millions, celles de l'automobile et accessoires (caoutchouc...) un capital de plus de 70 millions, celles de l'industrie minière un capital de plus de 500 millions, la seule Compagnie de Saint-Gobain un capital de 60 millions. Citons encore, parmi les grandes Sociétés, le « Comptoir de l'industrie linière », au capital de 20 millions, les « Raffineries Say [1] », au capital de 38 millions (plus 60.000 obligations de 500 fr.), la « Société Révillon » (pour les fourrures), au capital de 30 millions.

Dans les industries autrefois exploitées presque exclusivement par le petit commerce, on trouve des sociétés anonymes au capital considérable. Les nouvelles Galeries Réunies ont un capital de 39 millions (et une dette obligataire de 17 millions), « Paris-France » (bazars [2]), un capital de 30 millions,

1. Les « Raffineries Say » ont subi une perte de 21 millions lors du « krach Cronier » (1905).

2. « Paris-France » (fondé en 1898) a contribué, avec les Nouvelles Galeries et les Magasins Réunis, à la formation de la Société française des Magasins modernes qui doit réaliser, par absorption progressive, la fusion des trois sociétés fondatrices. Dans ce but, Paris-France cède chaque année

les Docks Rémois, un capital de 2 millions (et font plus de 50 millions d'affaires, alors qu'on peut estimer le chiffre d'affaires global des sociétés d'alimentation à Reims à près de 100 millions). Bien entendu, c'est encore un chiffre énorme que le capital engagé dans le Bon Marché, le Louvre, Dufayel, Le Printemps, au capital de 22.518.150 fr. (plus 22.000 obligations de 500 fr.), les Galeries Lafayette, au capital de 40 millions (40.000 obligations à 500 fr.), dans certains grands magasins, épicerie (Potin...), de Paris ou de la province, surtout si l'on tient compte de la plus-value parfois des actions [1].

Si l'on considère les compagnies d'assurances et les sociétés de crédit, la puissance de la société anonyme apparaît encore beaucoup plus considérable par les dépôts énormes dont peuvent profiter ces établissements et la puissance financière incomparable dont ils jouissent par le fait même.

L'actif des seules sociétés d'assurance-vie s'élevait, au début du siècle, à 11,5 milliards de francs aux Etats-Unis; 7,2 en Angleterre ; 2,1 en France; celui des sociétés d'assurance de toute nature monte à 5 milliards en Allemagne.

La Banque de France a un capital de 182 millions ½, les particuliers ont chez elle 600 millions de dépôts. Remarquer la puissance énorme que lui

---

quelques-unes de ses succursales à la Société des Magasins modernes qui les paie avec ses propres actions. Le bilan de Paris-France, au 31 août 1912, présentait un excédent d'actif de 25.974.332 fr. et un dividende de 3.300.000 fr. pour un capital social de 30 millions seulement. (Cf. *Guide-Annuaire* financier, 1913.)

1. La Société anonyme s'est répandue dans les professions les plus variées : hôtels (à Paris : « Hôtel Continental » au capital de 6.500.000 fr.; « Hôtel Majestic », 4 millions ; « Hôtel Regina », 1.200.000 fr.). — Presse : (« Agence Havas », 8.500.000 fr. ; « Petit Journal », 25 millions ; « Petit Parisien », 3 millions ; le « Temps », 1.250.000 fr.). — Alimentation : (« Etablissements Duval », 4.750.000 fr. ; « Biscuits Olibet », 6 millions). — Cinématographes . (« Etablissements Gaumond », 3 millions ; « Etablissements Pathé », 30 millions et dont le chiffre d'affaires est passé de 3 millions en 1900 à 48 millions en 1912, sans compter la Société « Cinéma exploitation » au capital de 2 millions chargée d'exploiter le cinématographe Pathé). — Attractions : (« Magic City », 5 millions ; « Société de la Tour Eiffel », 5.100.000 fr.). — Photographie : (« Union photographique industrielle, Etablissements Lumiere et Jougla réunis », 6.720.000 fr.).

La grande entreprise — par conséquent la société anonyme — s'est rendue possible dans l'industrie d'art elle-même et s'est subordonné les plus grands artistes (céramique, tissage...), les « Vereinigten Werkstätte » de Münich en sont un exemple très curieux (cf. Sombart, der Moderne Kapitalismus, t. II, p. 459) : l'artiste livre à une « centrale » une esquisse à grands traits en indiquant les matériaux à employer (contre paiement comptant ou participation aux bénéfices). Des dessinateurs — habitués à la manière de tel et tel artiste — terminent l'ébauche et préparent le travail aux ouvriers qualifiés qui feront la pièce à la machine ; ainsi l'artiste n'est plus épuisé par les exigences de l'entrepreneur : un seul suffit à fournir de la besogne à des milliers de bras, et, d'après Sombart, l'idéal serait que se fondent des cartells d'entreprises géantes inspirés par quelques grands artistes, servis par des dessinateurs de profession et des ouvriers hautement qualifiés, car, de plus en plus, se forme une nombreuse clientèle d'objets vraiment artistiques.

donnent le pouvoir d'émettre des billets de banque, jusqu'à concurrence de 6.800 millions, et ses réserves d'or et d'argent (environ 4 milliards).

Les quatre grands établissements de crédit, outre leur capital social propre (Société Générale, 500 millions ; Crédit industriel et commercial, 40 mil.), ont 4 milliards ½ de dépôts.

La Banque de Paris et des Pays-Bas a un capital de 125 millions ; la Banque de l'Union Parisienne, 60 millions ; la Banque Française pour le commerce et l'industrie, 60 millions ; la Société Française de reports et de dépôts, 125 millions. En province même, certaines sociétés régionales sont à capital considérable : la Société Marseillaise de Crédit industriel et commercial et de dépôts, capital de 50 millions ; le Crédit du Nord, capital de 100 millions ; la Société Nancéenne de Crédit industriel, capital de 60 millions...

Allemagne.

L'Allemagne nous donne les chiffres les plus précis sur le nombre des sociétés par actions, leur répartition dans les diverses professions, le dividende qu'elles distribuent.

Suivant la statistique allemande des exploitations professionnelles (du 12 juin 1907), il y a en Allemagne 3.245.221 exploitations privées. De ce nombre, 3.125.832 (95 1/3 %) occupant 8.975.408 personnes appartiennent à un seul propriétaire, 82.370 à plusieurs associés, 5.109 à des associations (associations mutuelles d'assurances comprises), 1.636 à des sociétés en commandite, 9.832 à des sociétés par actions, 340 à des commandites par actions, 8.122 à des coopératives, 11.001 à des sociétés à responsabilité limitée, 164 à des corporations, 510 à des « sociétés minières » conformes au Code minier, 305 à d'autres entreprises privées.

L'Office impérial de statistique donne, sur les sociétés anonymes « en activité » (sans compter celles en liquidation), les renseignements suivants :

	NOMBRE	CAPITAL NOMINAL en millions marks.
Fin 1906	5.050	13.767 67
» 1907	5.147	14.218 33
» 1908	5.184	14 634 59
30 septembre 1909	5.222	14.737 33

La Prusse seule comptait, en 1907, 3.042 sociétés par actions avec un capital (de fondation) d'environ 9 ½ milliards de marks. M. Lieffmann [1] donne des précisions très importantes d'après les statistiques de plusieurs années.

1. Die Unternehmungsformen, 121 f.

	Nombre des sociétés	Capital en actions libéré, en millions M.	Obligations en millions M.	Nombre des sociétés ayant fait un bénéfice	Total des bénéfices annuels en millions M.	Total des dividendes en millions M.	Pourcentage du dividende par rapport au capital en actions	Pourcentage du capital de ces sociétés par rapport au dividende distribué (1)			
								A donné aucun dividende	Jusque 6 %	6-10 %	Au-dessus de 10 %
Commerce........	688	4155	265	597	376	302	7,34	5,8 %	26 %	59,3	8,9
Banques en particulier..........	435	3652	119	420	343	276	7,65	1,8	25	64	9,2
Industrie mécaniq.	514	1546	627	427	165	126	8,32	12,2	26,3	32	29,5
Transports.......	473	1489	652	390	60	49	3,35	35,8	45,4	17,2	1,6
En particulier tramways.......	220	695	303	186	37	29	4,32	19,8	51,2	28	1
Navigation maritime et fluviale.	117	493	208	83	8,7	7,6	1,54	67,8	27	5,2	—
Mines et hauts-fourneaux......	225	1158	276	165	114	91	8,07	28,1	14,6	32,2	25,1
Alimentation [2]....	800	995	242	665	88	66	6,73	20,5	30,8	29,7	19
En particulier brasseries..........	541	626	187	459	49	39	6,25	18	38,8	29	14,2
Mines. Hauts-fourneaux et machines : exploitations en intégration.......	37	956	372	29	90	73.5	7,79	5,7	22,9	57,7	13,7
Industrie textile..	333	584	145	260	62	45	7,78	21,1	24,5	30	24,4
Pierres et terres..	335	422	90	248	40,7	31,4	7,48	21,9	23,6	28,3	26,2
Industr" chimique.	141	435	79	119	73,4	57	14,03	9,8	8,9	20,2	61,1
Assurances.......	128	143	—	118	50	28,5	19,97	10,4	10.6	15	64

1. D'après une nouvelle statistique pour 1908-1909, sur 4.579 sociétés, 3.688 ont eu un bénéfice, 809 ont été en perte. Des 3.202 sociétés qui ont distribué un dividende, 1.466 ont distribué un dividende de 0 à 6 %, 1.742 plus de 6 %, c'est-à-dire 153 plus de 20 %, et même 16 d'entre ces dernières ont distribué un dividende de plus de 50 %. (Cf. Pesch Nationalökonomie, t. III, p. 325, note.) En 1907-1908, 15 sociétés avaient déjà distribué un dividende supérieur à 50 %.

Au mois d'août 1913, 85 sociétés allemandes de produits chimiques avaient publié leur bilan pour l'exercice 1912 : ces sociétés, au capital de 404,78 millions de marks, avaient distribué un dividende s'élevant à 72,82 millions de marks, c'est-à-dire une moyenne de 18 %. Aucune autre industrie n'avait atteint une telle prospérité.

2. Un exemple, entre autres, montre bien le développement de la société anonyme. D'après M. Raffalovich (*Economiste français*, 24 août 1912), la pêche du hareng en Allemagne est entièrement pratiquée par des sociétés par actions : il y a 11 compagnies d'un capital allant de 500.000 M. à 1.500.000 pour la capture exclusive du hareng, 4 s'occupent du hareng et du poisson frais (entre autres la « Nordsee », au capital de 5 millions avec 45 navires à vapeur, 2 allèges, 1 remorqueur, des maisons de vente jusqu'en Suisse et en Hongrie ; la « Cuxhavener Hochseefischerei A. G. » a, parmi ses fondateurs, Ballin de la Hamburg-Amerika et plusieurs grandes banques).

Les sociétés par actions les plus importantes sont la « Deutsche Bank » au capital de 200 millions M. (108 millions M. de réserve), la Diskonto-Gesellschaft, au capital de 200 millions M. (80 millions de réserve), la Dresdener Bank, au capital de 200 millions (réserve de 61 millions M.), la Reichsbank, au capital de 180 millions (réserve de 70 millions M.), 2 autres banques au capital respectif de 145 et 110 millions M., Krupp, société par actions au capital de 180 millions M. et 58 millions M. d'obligations, la société minière de Gelsenkirchen, au capital de 180 millions M. et 73 millions M. d'obligations, la société « Phœnix », au capital de 106 millions M. et 34 millions d'obligations, la Société générale d'électricité, au capital de 130 millions M. et 80 millions d'obligations, la Société allemande d'électricité, au capital de 120 millions M. et 85 millions d'obligations, la Compagnie de navigation Hamburg-Amerika, au capital de 150 millions M. et 75 millions d'obligations, le Norddeutscher Lloyd, au capital de 125 mil. et 75 mil. d'obligations [1]...

Angleterre.

« The Economist », du 25 janvier 1913, donne la statistique suivante des émissions sur le marché anglais en 1912. Beaucoup de ces sociétés (sans qu'on puisse faire un partage exact) sont certainement anglaises. Elles disent la vitalité de la société anonyme en Angleterre.

	Actions ordinaires	Actions de préférence	Obligations	Total
	Livres sterling	Livres sterling	Livres sterling	Livres sterling
Chemins de fer anglais	701.500	766.200	226.500	1.694.200
» coloniaux	21.375.000		8.771.600	30.146.600
» étrangers	2.011.000	4.581.700	20.151.000	26.743.700
Mines australiennes	367.400	12.500	—	379.900
» de l'Afrique Sud	844.800	45.000	1.396.300	2.286.100
» d'autres pays	936.900	94.200	823.300	1.854.400
Trusts financiers, sociétés d'études ou placements	5.404.900	943.700	3.829.400	10.178.000
Brasseries	24.700	75.000	1.287.300	1.387.000
Commerce en gros	—	450.000	225.000	675.000
Industrie	1.336.100	4.048.400	3.156.900	8.541.400
Commerce de détail	30.000	1.164.800	1.182.200	2.377.000
Sociétés immobilières	1.316.900	2.002.000	3.555.900	6.874.800
Caoutchouc	1.528.000	254.000	583.600	2.365.600
Pétrole	3.843.200	1.146.300	784.500	5.774.000
Industrie fer et charbon	822.300	1.775.200	6.209.800	8.807.300
Electricité-télégraphe	1.695.700	205.600	7.515.300	9.416.600
Tramway-omnibus	2.891.400	710.000	11.016.900	14.618.300
Automobilisme	256.600	135.000	30.000	421.600
Gaz, eau	557.000	402.200	1.595.000	2.554.200
Hôtels, théâtres, lieux de plaisir	225.000	543.500	66.100	834.[illegible]
Articles brevetés	351.000	645.700	142.000	1.138.700
Docks, ports, navigation	1.390.000	2.101.000	4.238.300	7.729.300
Banque, assurance	7.938.700	275.000	188.300	8.402.000
Divers	3.262.000	6.297.400	1.780.300	11.340.600
Total	59.111.000	28.674.400	123.064.600	210.850.000

1. Liefmann, Die Unternehmungsformen, d'après Pesch, *op. cit.*, p. 317.

Etats-Unis.

Les obligations introduites en 1912 sur le marché de New-York (et représentant un capital nouveau) s'élèvent au capital de 476.769.000 d. (c'est-à-dire 150.113.100 d. de plus qu'en 1911 et 121 millions de moins qu'en 1910 : ce qui est dû aux conditions défavorables du marché monétaire et à la lutte contre les trusts) : 207.308.850 d. étaient émis pour remplacer d'anciens titres.

Sur ce chiffre total (684.077.850 d.), 209.752.000 d. étaient destinés aux chemins de fer ordinaires, 177.401.500 aux chemins de fer électriques.

Les actions émises à Wall Street en 1912 s'élèvent au capital de 1.161.030.790 d. (517 millions et demi de plus qu'en 1911 : chiffre considérable dû à la dissolution des trusts. Les sociétés rendues indépendantes ont inscrit leurs titres à la cote officielle, dont 245.440.000 d. pour les railroads, 136.034.100 pour les chemins de fer ordinaires, 109.405.900 pour les chemins de fer électriques.)

Les Etats-Unis possèdent les sociétés anonymes les plus colossales du monde entier : le « Southern Pacific Cy, au capital de près de 900 millions $, la « Pensylvania Railroad Cy » (454 millions $ en actions, 258 millions $ en obligations), l' « Union Pacific Cy » (217 millions $ d'actions, 100 millions $ d'actions privilégiées, 329 millions $ d'obligations). Avant sa dissolution, l' « Unitel States Steed Cy, représentant un capital de 508 millions $, plus 360 millions $ d'actions privilégiées et 620 millions $ d'obligations.

Un pays neuf, le Japon.

La Banque du Japon [1] donne la statistique suivante des Compagnies commerciales et industrielles au Japon.

De janvier à décembre 1911 ont été créées au Japon des sociétés commerciales et industrielles pour un capital de 9.320.000 yens, sans compter 13.890.000 yens pour fonds d'agrandissement de leurs affaires. Ces 23.210.000 yens de capitaux se répartissent dans l'ordre suivant :

Industrie de force électrique................	[2] yens 5.150.000
» de fabrication de divers objets....	» 5.750.000
» de transports maritimes..........	» 3.200.000
Fondation de diverses Cies commerciales......	» 5.050.000
» de banques......................	» 2.600.000
» de Cies de chemins de fer.........	» 1.180.000

Ce fut l'année 1906 qui se fit remarquer par la fièvre de la création d'une foule d'industries. 1907 et 1908 furent une époque de défaillance : depuis s'est fait sentir un relèvement continu :

1. Cf. *Economiste français*, 20 juillet 1912.
2. Le yen : 2 fr. 58.

EN MILLIERS DE YENS	1911	1910	1909	1908
Banquiers	61.064	58.568	27 389	18.951
Filatures de coton	2.650	14.000	15 350	2.200
Industrie de l'électricité	85.448	91.580	8.305	15.170
Exploitations minières	13.050	22.200	8.583	4.850
Industrie de la pêche maritime	8 017	14.285	2.350	1.600
Chemins de fer	59.790	90.957	13 800	11.140
Industrie de fabrication	68.675	139.245	31.020	31.642
Industrie de transport	7.300	8.425	3.000	10.850
Industrie d'assurance (vie, feu, mer)	12.500	4.500	1.900	8.400
Commerce et autres	42.645	53.240	16.560	30.428
	361.139	497.000	128.257	135.231

Ces chiffres, sans doute, ne peuvent que nous donner une indication générale sur l'importance des société anonymes dans le mouvement industriel et commercial. Ils dégagent tout au moins une *impression d'ensemble* très nette. A ne considérer que *le nombre des ouvriers et employés, le montant des capitaux engagés,* les sociétés anonymes représentent certainement une force imposante. Cette importance nous apparaîtra encore plus grande lorsque nous étudierons un peu le rôle que peuvent jouer, que jouent en fait ces organismes formidablement outillés, ces capitaux énormes concentrés en un très petit nombre de mains, dans l'organisation économique et financière de l'industrie et du commerce nationaux et internationaux.

SECTION TROISIÈME

Société anonyme et travail.

La structure même des sociétés anonymes entraine pour le régime du travail une conséquence des plus importantes. En premier lieu, l'ouvrier, même le directeur de l'entreprise au point de vue technique ou commercial, ne possède plus les instruments de production. L'argent, qui resterait infécond à dormir dans un coffre-fort, le rentier le donne à un inventeur, à un entrepreneur sans ressources, puis il se tient à l'écart. Cette somme va être transformée en matières premières, en machines, en salaires de main-d'œuvre, et par conséquent, ce n'est pas un parasite, mais un facteur de la production qui, par suite, a parfaitement le droit de réclamer sa part dans la répartition des bénéfices. Mais cette métamorphose de l'or, essentiellement fongible, en un instrument de production, s'est faite en dehors de l'actionnaire ; il a souscrit à l'émission, s'est présenté peut-être aux assemblées générales, a suivi les vicissitudes des cours dans son quotidien ou les revues ; il sera sûrement au paiement des coupons, et c'est tout : dans les grandes entreprises anonymes, au moins [1], il n'est pas question de travail effectif. La responsabilité complète de l'entreprise repose sur les administrateurs et les directeurs. Il est bien vrai que ces derniers trouvent leur compte à cette combinaison ; elle leur procure une position honorable et lucrative que l'ancienne organisation économique aurait refusée à leur absence de fortune personnelle. Il n'est pas moins vrai aussi que s'effectue, entre le capital et le travail, une scission nécessaire en fait, mais très regrettable au point de vue social : d'un côté, le travail, travail manuel, travail intellectuel d'organisation, de direction commerciale et technique ; de l'autre, le capital qui, sans doute, supporte les risques de l'entreprise, mais qui, placé en dehors de la production, surveille simplement le sort de ses écus.

Les siècles passés ne connaissaient qu'une seule forme de fortune héréditaire : la propriété foncière qui, par la location de ses terres, de ses immeubles, s'assurait dans le loisir une haute situation sociale. L'argent gagné dans le commerce, l'industrie, la finance, ne pouvait prétendre à une survivance reproductive qu'en « s'immobilisant »... Changeurs, fermiers généraux, manufacturiers..., pour se constituer des revenus, devaient ou continuer leur profession, ou devenir propriétaires fonciers. Les changements économiques ont élargi considérablement le monde des rentiers. Qu'un industriel, fortune faite, mette son usine en société anonyme, qu'il échange prudemment une partie de ses actions avec d'autres actions ou obligations industrielles, avec des rentes d'Etat...: lui et ses enfants pourront conserver, même augmenter leurs ressources. Avec un sens des affaires éveillé, aidé de quelques relations sûres, ou plus simplement encore avec une initiative prudente, le « rentier » panachera son portefeuille de valeurs de *tout repos*, d'actions et obligations industrielles, de quelques valeurs spéculatives, et avec ses intérêts, ses dividendes,

1. Dans nombre de sociétés anonymes de petite ou de moyenne importance, intervient beaucoup plus le travail personnel des actionnaires. Souvent, le capital est souscrit par les membres d'une seule famille ; tout au plus fait-on appel au concours d'amis. En tout cas, la famille s'arrange pour garder la grosse majorité des actions et fournir la totalité ou la majorité des administrateurs. Dans ces sociétés, en quelque sorte « de famille », travail de direction et capital restent unis. Remarquer qu'en Europe, il en est ainsi même pour de très grandes entreprises ; qu'il suffise de citer les noms de Schneider, Thyssen, de Wendel, Krupp...

ses primes de remboursement, ses plus-values [1], ajouter : avec quelques vagues postes d'administrateur, mais sans aucune des fatigues du patron et de l'entrepreneur, cet honnête homme coulera une vie pleine de repos et de sécurité. « Ainsi, dit Liefmann, en opposition aux revenus du travail, qui disparaissent avec la mort du travailleur, avec les valeurs mobilières croissent toujours en importance les revenus fondés sur la seule possession de la fortune. Le capitalisme mobilier est un moyen d'une efficacité inouïe pour maintenir la classe possédante dans ses richesses. »

Autre conséquence ; établi loin de l'usine, sans contact avec le personnel, ignorant parfois des conditions de la fabrication, de ses difficultés, de son hygiène, il ne demande trop souvent aux administrateurs et aux directeurs qu'une seule chose : des dividendes et les plus forts possible. Un patron, mêlé directement à la conduite de son établissement, attentif même à la vie de ses ouvriers, a un sens des responsabilités, une compassion que ne peut connaître une assemblée d'actionnaires.

« Avec une masse de bailleurs de fonds, tous étrangers, la grande société d'actionnaires devient plus financière qu'industrielle dans la multitude de ses membres [2]. » On voit les suites sociales et politiques d'un tel fait : Karl Marx prophétisait que les riches, maîtres de l'outillage industriel, iraient s'enrichissant sans cesse, ruinant la petite industrie, le petit commerce, la petite culture, incapables de résister à leurs énormes capitaux ; accaparant toujours davantage les instruments de production, si bien qu'il ne resterait plus que deux classes en présence : « une minorité infime de millionnaires isolée au milieu d'un immense pro-

1. Certaines sociétés industrielles ont donné aux actionnaires des plus-values énormes : V. g. à Denain-Anzin, l'action de 500 francs valait, au 25 juin 1913, 2.272 fr. (en mai 1912, 2.735 fr.); l'action de Fives-Lille (de 500 fr.), 1.035 fr. ; celle des aciéries de Longwy (500 fr.), 1.480 fr... ; le centième de l'action de Bruay (laquelle est de 1.000 fr., libérée de 400 fr.), 1.461 fr.; l'action de Carvin (1.500 fr.), 4.370 fr. ; l'action de Courrières (100 fr.), 4.925 fr., plus-values énormes également à Anzin, à Lens. (Lens a été fondée en 1852 au capital de 3 millions dont 900.000 fr. versés. L'action primitive de 1.000 fr. vaut aujourd'hui 180.000 fr. et l'ensemble de l'affaire est évalué au delà du ½ milliard.) En résumé sur le marché de Lille les actions de charbonnage ont une valeur d'émission de 97 millions, une valeur réelle de 2.290 millions, les actions d'aciéries une valeur d'émission de 130 millions, une valeur réelle de 250, l'action de la société Dniéprovienne (midi de la Russie, fondée en 1886), 250 roubles au pair, valait, au 25 juin 1913, 3.050 fr.; l'action de Suez (500 fr.), 5.260 fr. Depuis 1907, l'action de Saint-Gobain a passé de 17.000 fr. à 20.000 fr. Certaines compagnies d'assurances enregistrent des plus-values aussi considérables... Mais en face de ces gains presque illimités, il ne faut pas oublier non plus les pertes limitées mais totales de bien des actionnaires.

2. Schwalm, *Leçons de philosophie sociale*, tome II, p. 101.

létariat dépouillé de tout, révolté. Alors il suffirait de grouper en un parti unique tous les exploités, et par la seule force du nombre ils décréteraient l'expropriation des exploiteurs ». C'était le programme, et la réalité ne lui a guère été favorable ; la petite culture a maintenu ses positions et même progressé, le petit commerce, la petite industrie, a prouvé — au moins dans certaines spécialités — sa vitalité et ses chances d'avenir. Mais surtout la « société anonyme [1] — dont personne, au temps de Marx, ne prévoyait le prodigieux essor, est venu détruire et démentir cette prophétie. » — Un petit boutiquier, qui achète pour 1.200 fr. une action de la Compagnie du P.-L.-M., se croit solidaire de Schneider..., remarque M. F. Delaisi, et il continue, non sans exagération : « Parce qu'il est actionnaire, ce millionnième de propriétaire se fait une âme de patron, il se croira menacé par toute amélioration réclamée par le cheminot... Par la vertu de ce petit morceau de papier, qu'on appelle une action, et de cette machine qu'on appelle une société anonyme... les millions d'électeurs détenteurs de valeurs mobilières, dans toutes les questions sociales, se rangent du côté de la Haute Banque. Leurs votes sont acquis d'avance à toutes les mesures de répression contre les ouvriers. »

Voilà un premier effet des sociétés par actions : il se produit un divorce entre le capital et le travail, et les revendications ouvrières se heurtent à un directeur impuissant, à une assemblée anonyme. Les responsabilités, la rigueur, l'amoralité des décisions prises, en s'éparpillant avec le capital, entre un grand nombre de personnes, semblent ne plus retomber que sur une fiction : la société, et non plus sur les individus. Comment s'étonner alors que les travailleurs veuillent opposer aux « intérêts » d'une association de capitaux anonyme, impersonnelle, la cohésion des forces syndicales ?

1. F. Delaisi : Comment connaître la situation d'un industriel ? *Vie ouvrière*, 20 juillet 1912.

SECTION QUATRIÈME

Démocratie et oligarchie financières [1].

Il semblerait tout au moins que la société anonyme, en détaillant la propriété des entreprises les plus colossales, en la mettant morceaux par morceaux dans les portefeuilles les plus humbles, en finisse à tout jamais avec le *règne de l'argent*, et que, par ce moyen, le *nombre* ait établi son pouvoir même sur le terrain financier. De fait, d'après M. Neymark, 5 millions de personnes détiendraient en France des titres de toutes sortes : fonds d'Etat, obligations des grandes villes et principales entreprises, actions de sociétés industrielles, commerciales.

Dans une Compagnie de chemins de fer français, étudiée par la « République française », 1/5 des 3.458.949 obligations appartiennent à des caisses de retraitants, sociétés de secours mutuels, œuvres diverses de bienfaisance. Des 8.635 titulaires d'actions nominatives [2], on en trouve

4.786 ou	55,4 %	ayant de	1 à 5 actions
1.695 ou	19,6 %	ayant de	6 à 10 actions
603 ou	6,9 %	ayant de	11 à 15 actions
216 ou	2,5 %	ayant de	16 à 19 actions
558 ou	6,4 %	ayant de	20 à 25 actions
199 ou	2,3 %	ayant de	26 à 30 actions
86 ou	0,9 %	ayant de	31 à 35 actions

Pour le « capital obligations », beaucoup plus considérable, pour les obligations anciennes, 25 % des titulaires possèdent chacun de 1 à 5 titres ; 17 % en possèdent de 6 à 10 ; 17 % en détiennent de 11 à 20.

Les propriétaires ayant plus de cent obligations nominatives chacun ne

1. Ce chapitre n'envisage qu'une situation de fait : dans l'émiettement des valeurs mobilières, qui possède la direction de la vie économique? Ce pouvoir de contrôle est-il diffusé dans la masse des actionnaires, réparti dans une large élite, ou concentré en un petit nombre de mains ?

2. On constate que les valeurs nominatives sont relativement très nombreuses. La répartition est la suivante :

Actions.......................	39,2 %	du total
Obligations 3 % anciennes...	66,5 %	—
Obligations 3 % nouvelles. .	81,0 %	—
Obligations 2 1/2 %	78,8 %	—

représentent que 7 % du total des capitalistes de cette catégorie. Or, on en compte :

9.014	possédant de 1 à	5 obligations
5.[illegible]	possédant de 6 à	10 obligations
[illegible]	possédant de 11 à	20 obligations
5.492	possédant de 21 à	40 obligations
2.886	possédant de 41 à	60 obligations
2.791	possédant de 61 à	100 obligations

La Banque de France a son capital réparti entre 32.707 actionnaires (ce chiffre a augmenté de 230 % de 1860 à 1908).

Au 24 décembre 1912, les actionnaires de la Banque de France se répartissaient de la manière suivante, d'après le nombre des actions dont ils étaient titulaires :

Actionnaires	possédant	une action	11.409
—	—	deux actions	6.882
—	—	de 3 à 5 actions	7.436
—	—	de 6 à 10 actions	3.724
—	—	de 11 à 20 actions	1.766
—	—	de 21 à 30 actions	698
—	—	de 31 à 50 actions	439
—	—	de 51 à 100 actions	242
—	—	plus de 100 actions	111
		Total	32.707

Le nombre des possesseurs d'une seule action forme plus du tiers du total, et la proportion des possesseurs d'une ou deux actions atteint 56 %.

Le Crédit Foncier [1] compte plus de 99.510 actionnaires (dont 9.028 en 1900 contre 3.304 en 1883 possèdent une seule action, 112 contre 260 plus de 100 actions, un seul contre 11 plus de 1.000 actions, si bien que la moyenne des actions possédées par chaque actionnaire a baissé de 1883 à 1900 de 18 à 9.) Le capital des gros établissements français de crédit est réparti entre 200.000 actionnaires...

Mais comment des actionnaires, dispersés dans toute la France et parfois dans le monde entier, occupés à des fonctions d'un ordre tout différent, incompétents en affaires, au moins dans ce genre d'affaires, pourraient-ils s'occuper de leur société par actions ? Ils choisissent des mandataires chargés de gérer les intérêts de la société : les administrateurs, et, pour plus de sûreté, des « commissaires des comptes », chargés de vérifier les comptes et les rapports des administrateurs. Au moins une fois l'an les administrateurs devront bien convoquer les actionnaires pour rendre leurs comptes, leur expliquer les principaux événements du dernier exercice, leur demander au besoin l'autorisation d'aliéner l'actif social, de réduire ou d'augmenter le capital :

1. Cf. Lefranc : La liberté du commerce et les établissements de Crédit, 1910.

l'assemblée peut ne pas approuver la gestion des administrateurs, les renverser, leur refuser le « quitus », les traduire devant les tribunaux. Mais dans bien des grandes sociétés anonymes, les plus gros actionnaires ont seuls accès aux assemblées.

L'assemblée des actionnaires de la Banque de France ne comprend que les actionnaires détenant chacun au moins 50 actions (200.000 fr. environ) ; aux assemblées des Cies du chemin de fer du Nord, de l'Est, du P.-L.-M., de l'Orléans [1], 1 voix par 40 actions (l'action vaut de 836 fr. à 1670 fr.) ; à celle du Midi, 1 voix par 20 actions ; 1 voix par 40 actions à celle du Crédit Foncier (l'action vaut plus de 850 fr.), du « Crédit industriel et commercial », de la « Société Générale » ; 1 voix par 10 actions à celle du Crédit Lyonnais ; 1 voix par 30 actions à l'assemblée des actionnaires des mines de Bully-Grenay (l'action vaut plus de 6.000 fr.) ; 1 voix par 25 actions à celle des « Houillères de Saint-Étienne » « de l'Industrie houillère dans le Donetz » ; 1 voix par 30 actions (l'action vaut près de 5.000 fr.) à celle des mines de Courrières ; 1 voix par 100 actions à l'assemblée des mines de Dourges, à celle de Lens (l'action vaut plus de 1.400 fr.), à celle de Vicoigne et Nœux (l'action vaut plus de 1.700 fr.) ; 1 voix par 20 actions à celle de Schneider et Cie, à celle de la Cie française des métaux, de la Société lorraine des anciens établissements Dietrich, de la Société des Hauts-Fourneaux, forges et aciéries du Saut-du-Tarn ; des Hauts-Fourneaux, forges et aciéries de Denain et d'Anzin...

Dans les grandes sociétés américaines en général une partie des actions seulement (les « common shares » et non les actions de préférence) ont droit de vote dans les assemblées générales. Si l'on remarque aussi que les mêmes personnages peuvent être à la fois directeurs et administrateurs (board of directors), on voit quelle souveraineté peuvent acquérir une poignée d'hommes d'affaires sur ces sociétés anonymes.

Les petits actionnaires seraient-ils admis aux assemblées qu'ils comprendraient peu de chose au bilan, au compte de profits et pertes, au rapport des commissaires des comptes. Les procédés techniques, les termes de comptabilité peuvent être pour les administrateurs le meilleur des paravents contre l'indiscrétion des actionnaires.

Et comment juger les affaires complexes d'une banque, d'une entreprise de la grande industrie, à la simple lecture d'un rapport de quelques pages, d'un bilan très succinct, truqué parfois, tout au moins qui se montre très sobre par nécessité commerciale, ou... par « habileté », sur les points les plus délicats et les plus caractéristiques : réserves, créances, amortissements... Pratiquement

1. Cf. Guide-Annuaire financier 1913.

il n'y a plus qu'à s'en remettre à la conscience et à la compétence des administrateurs [1]... En fait les assemblées ont souvent beaucoup de peine à réunir le quorum légal. « En finance comme en politique le peuple règne mais ne gouverne pas, le maître c'est le conseil d'administration », c'est-à-dire les promoteurs de l'affaire : inventeur, banquier, ingénieur, hommes de loi, politiciens : chacun de ces membres, suivant sa spécialité, est préposé aux diverses fonctions de ces organismes immenses et compliqués que sont les grandes sociétés anonymes. Telles personnalités qui, par leur fortune personnelle ou leurs relations, « valent » tant ou tant, ne font que relever le crédit de la société ; telles autres ont pour tâche de faciliter les rapports avec les pouvoirs publics ; certains noms, par leurs quartiers de noblesse, l'honnêteté d'un long passé militaire, gagneront la confiance des petites bourses ; et, sous l'impulsion de son président, souvent gros actionnaire, capitain of industry remarquable, le conseil prend toutes les décisions importantes, dirige l'affaire à travers les difficultés, pratiquement lui donne toute sa valeur.

« Or, disait déjà M. A. Leroy-Beaulieu en 1895 [2], il s'est formé à la tête des sociétés anonymes une sorte de consorteria ou de franc-maçonnerie dont les membres, parfois divisés en coteries hostiles, se retrouvent dans l'administration de presque toutes les entreprises. C'est, si l'on y tient, la nouvelle féodalité financière, celle qui, par voie détournée, a su ériger en coutume l'hérédité des offices. » Comment donc, puisque les conseils d'administration sont nommés par les actionnaires ? Oui, c'est la théorie : en fait les promoteurs de l'affaire présentent des noms aux assemblées et le refus de celles-ci est un événement. Consé-

1. Plusieurs de nos grandes sociétés de crédit ont organisé un service permanent de contrôle, v. g. à la banque de Paris et des Pays-Bas le « comité de censeurs » (2 à 4 membres) veillent à l'exécution des statuts, avec droit d'assister aux séances du Conseil d'administration avec voix consultative, et de proposer toutes mesures utiles : si ces propositions ne sont pas adoptées, il peut en requérir la transcription sur le registre des délibérations : chacun de ces censeurs doit posséder au moins 200 actions de la société (inaliénables pendant la durée de la fonction). Des organismes du même genre ont été créés par le Crédit Foncier, la Banque Française pour le Commerce et l'Industrie, le Crédit Foncier et Agricole d'Algérie, le Crédit Industriel, le Comptoir national d'escompte. La loi italienne a rendu obligatoire une institution à peu près semblable.

Cf. Testis : *Revue politique et parlementaire*, oct. 1907, p. 36.

En pratique ces comités seront sans doute très souvent — tout comme les administrateurs — présentés et imposés par les chefs de l'affaire. Mais certainement ils supposent plus de compétence et par conséquent ils offrent plus de garanties que les commissaires des comptes exigés par la loi : du moins ils peuvent suivre la société dans sa vie quotidienne.

2. Le « Règne de l'argent », *Revue des Deux-Mondes*, 15 février 1895.

quence : « Qu'on parcoure, dit F. Delaisi, les annuaires financiers où figurent les administrateurs de nos grandes sociétés par actions, on y verra constamment revenir les mêmes noms » ; et l'auteur, dans sa « Démocratie et les Financiers », dresse une liste de 55 personnages qui, à eux seuls, figurent dans 433 conseils d'administration de sociétés françaises ou étrangères.

Le « Monde économique » (12 avril 1913) montre « qu'il n'y a pas qu'en France que des membres de la haute finance cumulent les fonctions dirigeantes dans divers établissements financiers... » L'annuaire allemand des sociétés par actions indique que 90 personnages ont au moins 15 places d'administrateurs chacun. Louis Hagen siège dans 44 conseils, Karl Furstenberg (Berliner Handels Gesellschaft) dans 40, Alfred d'Oppenheim dans 39, Hugo Stinnes dans 38, Walter Rathenau dans 36, A. Hermann (Banque Schaffhausen) dans 34, G. de Klemperer dans 32, 2 autres dans 31. Aug. Thyssen n'apporte son concours qu'à 10, A. Ballin qu'à 6, le prince Henckel de Donnersmark qu'à 3, il est vrai que son fondé de pouvoir, le comte de Brockdorff, le représente dans 19, le prince de Holenlohe Oehringen siège dans le conseil des établissements portant son nom et dans 2 autres, ses intérêts sont représentés dans 24 compagnies par 3 hommes de confiance. Le prince de Hohenlohe est intéressé dans des entreprises de navigation, potasse, ciment, charbonnage, métallurgie, grands magasins, hôtels, théâtres, passages, transports urbains, terrains à bâtir, banques, omniums financiers, domaines en Silésie [1] : c'est ce que feront encore mieux ressortir les pages suivantes sur la concentration financière.

Aussi, « bien que les actions d'une vaste corporation soient répandues dans un grand nombre de mains, conclut M. Bourguin, il n'en est pas moins vrai que sa direction effective appartient tout entière à un très petit nombre de gros actionnaires. »

---

1. *Journal des Economistes*, avril 1912.

CHAPITRE II

FORMES DU CAPITALISME MODERNE : COMPTOIRS, CARTELLS, CONCENTRATION FINANCIÈRE

SECTION PREMIÈRE

Organisation collective de la production.

Seule l'association — et souvent même la société anonyme — peut fournir à la grande industrie les ressources qui lui sont nécessaires. Mais, riches des millions de leurs actionnaires, ces immenses exploitations ne sont pourtant pas assurées du succès : survivants d'une sélection impitoyable, ces organismes puissants vont continuer entre eux la lutte sans merci sur le marché national et international. Ainsi « vont disparaître des vaincus, naguère artisans ou précurseurs du mouvement qui les a emportés. Ils ont laissé, dans nos produits actuels, leur bourse et aussi leur vie, un peu de leur âme. Qui donc, toutefois, songerait à les plaindre ? N'avaient-ils pas, sur leur route, aussi semé des ruines [1] ? »

Il est bien loin le temps où le producteur travaillait seulement sur la commande du client, qui, en général, lui fournissait également la matière première ; maintenant, le fabricant doit deviner, précéder, parfois créer le besoin et le désir du consommateur. « Produire sans trêve, jeter dans la circulation des marchandises de plus en plus abondantes, dont l'abondance fait le bon marché et qui pénètrent ainsi dans des couches humaines où elles étaient naguère inconnues, telle semble être la loi bienfaisante à laquelle nul ne peut se soustraire [2] » ; d'où les stocks de matières premières et de produits fabriqués. Que survienne une baisse dans les cours, une restriction imprévue de la demande, tout simple-

1-2. D'Avenel, *Les Français de mon temps*, p. 281.

ment une offre de concurrent à de meilleures conditions, qu'un progrès dans l'outillage permette aux usines toutes récentes un prix de revient inférieur..., et ce sont des pertes considérables, la ruine peut-être; point de sécurité dans l'industrie livrée aux procédés de la libre concurrence.

Mais la ruine de l'un, c'est pour l'autre la prospérité... momentanée. Chacun des rivaux supputait la victoire, et la lutte continuait. Après bien des ruines enfin, et particulièrement dans la grande industrie où la concurrence ne laissait en présence que des entreprises énormes, on en vint à se demander, avant de se mesurer, s'il n'était pas plus sage de s'assurer contre les aléas du combat, quitte à sacrifier du bénéfice espéré. On se ferait des concessions mutuelles; au lieu de se disputer la clientèle, on se la partagerait à l'amiable. Le vainqueur sans doute y perdrait, mais qui pouvait se flatter de la victoire, et surtout d'une longue prospérité [1] ?

Le but est net : obtenir pour les entrepreneurs plus de sécurité en réglementant la concurrence, en proportionnant l'offre à la demande ; mais les formules d'exécution sont très variables.

Par exemple, les entrepreneurs pourront rester propriétaires de leur usine, mais ils confieront à un « syndicat », à un « comptoir », la vente de leurs produits ; c'est l'organisation la plus lâche Surtout pratiquée en France, elle se rencontre dans plusieurs branches de l'industrie métallurgique.

Souvent, les entrepreneurs vont plus loin. Ils veulent établir sur le marché leur monopole par le cartell, et ils s'imposent des conditions plus strictes. Ils se partagent clients et débouchés, ou bien fixent les prix de vente maximum ou minimum ; dans certains cas, ils réservent la vente à un syndicat (société anonyme, banque, maison de commerce) qui sert de commissionnaire aux membres du cartell, ou même achète leur production. En cas de

1. Parfois les deux rivaux gagnent à la convention, comme le montre l'exemple suivant :

Après une guerre entre les cartells de l'acier italien et allemand (le cartell allemand vendant en Italie au-dessous du prix coûtant et perdant ainsi annuellement 8.000 marks) les deux rivaux ont conclu une entente pour deux ans à partir du 1er janvier 1913. Le cartell italien garantit au cartell allemand (y compris une petite participation française) une exportation annuelle de 40.000 t. pour les produits T et U.

Cet accord a eu pour résultat immédiat d'augmenter les prix de vente pour l'Italie de 33 1/3 % et une nouvelle augmentation des prix du cartell italien aura lieu prochainement. Le cartell allemand gagne à cette entente au moins un million de marks par an et le cartell italien au moins 2.500.000 lire par an.

Le cartell italien a conclu des ententes semblables avec la Belgique pour une quantité de 3.000 tonnes et avec l'Autriche pour une quantité de 2.000 tonnes par an. *Réforme économique*, 30 mai 1913, p. 682.

crise, le cartell force les industriels à restreindre la production; aux temps de dépression, il n'est donc plus nécessaire de se résoudre à un avilissement des prix, d'où, dans les hautes conjonctures, on n'aura plus à rattraper la baisse par une hausse inconsidérée qui amènerait une nouvelle surproduction : voilà donc une plus grande stabilité des cours, une plus grande sécurité de l'industrie.

Bien entendu, tout cela ne s'exécute pas sans un sacrifice profond de l'indépendance d'un chacun. On peut même ajouter que les avantages du cartell croissent avec la rigueur des statuts et de la discipline. Mais il est pénible de livrer son établissement, sa comptabilité à de fréquentes inquisitions, plus encore de diminuer sa production, de baisser les prix sur un mot d'ordre. Aussi beaucoup de ces organisations ne se résignent point à une réglementation si minutieuse. Aux temps de dépression, chacune d'elles cherche à reprendre sa liberté pour tenter de mieux s'accommoder aux nécessités de la vie économique dans son indépendance individuelle. Les plus faibles succombent, les stocks s'amoindrissent, et avec les beaux jours réapparaissent les anciens cartells..., pour amener une nouvelle surproduction, effondrement des cours, dissolution...

C'est pourquoi les syndicats de producteurs s'orientent de plus en plus vers une formule — extrêmement variable avec les industries — qui permette au bureau central une action plus efficace sur les prix et la production de ses adhérents. Une telle organisation — il est vrai — suppose non seulement des produits que l'on peut assez facilement sérier en qualités uniformes, donc surtout des produits de fabrication en gros, mais encore des objets qui ne sont pas soumis aux variations très brusques de la mode. De plus, pour établir son monopole, le cartell doit concentrer une très forte majorité des entrepreneurs (au moins 9/10 de la production), réduire le plus possible le nombre et la puissance des dissidents, qui, en faisant des sous-offres, s'empareraient du marché. Toutes ces conditions remplies, le renouvellement du cartell reste encore très souvent une passe difficile. Pour obtenir dans la distribution de la clientèle une part plus abondante, les usines augmentent leur production. Comment satisfaire ces appétits surexcités [1] ? C'est une tâche bien ardue pour les

1. Depuis quelques années, ces exigences se compliquent encore de ce fait que les grandes exploitations de matières premières emploient une partie très notable de leur production dans des usines « combinées ». Imitée en celà par de grandes Compagnies de charbonnages, la « Gelsenkirchener Bergwerksgesellschaft », s'est annexé 2 grandes fonderies (dans ce but, elle a élevé son capital de 69 à 119 millions de M.). Ces grandes compagnies n'entrent dans les cartells, v. g. dans le cartell du charbon, que si, en plus de

directeurs de cartells, malgré leur haute compétence et leur expérience.

Il n'en est pas moins vrai que les cartells, vieux à peine d'une génération, ont fait — principalement en Allemagne — des progrès énormes. D'après Liefmann, ils ont réussi à supprimer toute concurrence dans des branches entières de l'industrie allemande.

Cependant, pour toutes les raisons indiquées plus haut, — ou encore pour se conformer à la législation de tels et tels pays (Angleterre, États-Unis), impitoyable pour toute association destinée à restreindre la libre concurrence — des entrepreneurs ne se sont pas arrêtés à ces simples accords sur le prix et la production ; ils sont devenus propriétaires des usines rivales et les ont concentrées. C'est un progrès au point de vue économique, et par l'abaissement du prix de revient (vu la production énorme de ces usines moins nombreuses, mais plus considérables), et par la diminution des frais de transport (puisque ces usines, mieux réparties sur le territoire, se trouvaient rapprochées des débouchés). Souvent même, ces entreprises s'annexent des exploitations de matières premières, des fabriques de demi-produits ou de produits finis, pour économiser les bénéfices de ces divers intermédiaires, parfois encore pour se dérober aux exigences des cartells. Ces « combinaisons » (intégration verticale) et ces fusions réalisent une puissance formidable, non pas qu'elles cherchent toujours à imposer leur monopole, mais si ces organisations réussissent à concentrer dans une branche de l'industrie la grande majorité de la production, c'est un monopole beaucoup plus redoutable que celui du cartell, puisqu'il ne repose pas seulement sur un accord d'entrepreneurs indépendants, mais sur la propriété et sur ses droits souverains.

Fusions et combinaisons se réalisent par des moyens divers ; parfois, une même société possède l'ensemble des usines fusionnées ou combinées. C'est la manière la plus absolue : à l'extrême opposé, il n'y a plus qu'une simple communauté d'intérêts ; les bénéfices de plusieurs entreprises ou de plusieurs groupes sont partagés entre ces exploitations dans un certain rapport, par exemple suivant l'importance de leur capital en actions. Entre ces deux méthodes, l'organisation moderne des sociétés anonymes a permis un procédé financier, à la fois plus économique et plus sûr. Pour acquérir une influence complète sur les sociétés avec lesquelles elle veut fusionner ou combiner sa propre affaire, une société (« l'Holding Company ») achète la majorité de

fortes participations, on leur laisse dans leurs fonderies le libre usage de leur charbon, ce qui les met dans une situation très supérieure aux compagnies de charbonnage pures et simples.

leurs actions : c'est le système de la participation. Juridiquement, la société ainsi contrôlée reste une personne indépendante. Si elle réussit, ses dividendes passent, pour la plus grosse part, à la caisse du principal actionnaire. En cas de faillite, ce dernier perd simplement le capital de ses actions, sans avoir à solder les dettes. Pour exploiter un nouveau brevet, pour créer en pays étranger une usine, une maison de commerce, exposées à de gros risques, il est donc bien plus avantageux de fonder une société indépendante dont cependant on gardera en portefeuille la majorité des titres, dont, par conséquent, on conservera la direction, dont on nommera les administrateurs, dont on réglera toute la politique commerciale. Si l'on ajoute qu'aux Etats-Unis, une portion seulement des actions, en général les actions ordinaires (et non les actions de préférence), jouissent du droit de vote dans les assemblées générales, on voit immédiatement combien il est aisé aux « Holding Cies » de contrôler des branches entières de l'industrie : exploitations de matières premières, de demi-produits, fabrication de produits finis, filiales, maisons de commerce à l'étranger...

Ces entreprises colossales exigent évidemment des capitaux énormes ; les hommes de finance, banquiers, groupes, « merchants »..., sont là pour les fournir... en attirant l'épargne des petites bourses, et c'est ainsi — comme le montreront les pages suivantes — que, de plus en plus, le financier dirige le mouvement économique.

Syndicats, comptoirs, cartells, fusions, combinaisons, trusts, Holding Cies, qu'ils soient ou non à base et à tendance de monopole, telles sont les formes plus ou moins vieilles, plus ou moins rigoureuses et fécondes de notre organisation économique actuelle : chez toutes se retrouve le même besoin et le même essai d'organisation de la concurrence. Sous le régime du libre-échange absolu, les grandes exploitations ont fait bon marché des petits artisans, petits marchands, petits transporteurs, petits banquiers. Ils en ont eu vite raison. Il ne leur restait plus qu'à s'entre-manger, à s'éliminer les unes les autres par une production toujours plus considérable, un prix de revient et de vente toujours plus bas, pour se contenter d'un bénéfice toujours plus mince. De cette lutte sans merci, devait naître un désir d'entente : c'est ce qui est arrivé. Depuis une trentaine d'années, plus ou moins rapidement, suivant les facilités qu'offrent à un accord dans les diverses industries les variétés, les complexités de leurs produits, s'ébauche, parfois s'est déjà constituée une organisation toute moderne des entreprises. Au lieu de se combattre les uns les autres dans un individualisme aveugle, les chefs d'une même branche d'industrie sortent de leur isolement, s'entendent pour s'assurer, par la réglementation des prix et même de la production, une plus grande stabilité. Dans les siècles passés, c'était l'Etat qui, par-dessus consommateurs et producteurs, adaptait l'offre à la demande, la production aux besoins. De nos jours, ce sont les producteurs qui tentent de remplacer l'Etat-Providence, de supprimer les brusques oscillations des conjonctures, de chercher entre les soubresauts extravagants des hausses et des baisses, une courbe plus régulière, plus modeste et plus sage. Dans nos vieux pays d'Europe, c'est en général l'association qui, s'ouvrant à toutes les forces d'une industrie, aux puissantes et aux plus modestes, s'est efforcée d'établir la paix dans un accord loyal; sans doute, une entente ne se conclut que par des sacrifices réciproques d'indépendance, de liberté; les contractants s'enlèvent des chances de gagner sur leurs rivaux, et de se ruiner. Aussi syndicats, cartells..., ne se fondent qu'après beaucoup de tâtonnements, d'échecs; il faut parfois bien des dissolutions, des ruines pour se résoudre à une organisation plus rigide et plus féconde, et certains ne l'acceptent que comme la dernière planche de salut [1]; c'est par la force des choses que s'est peu à peu étendu le domaine de ces associations : contre les cartells des matières premières se forment les cartells des demi-produits et les cartells des produits ouvrés, contre ceux-ci les cartells des commerçants, auxquels devront, de plus en plus, s'opposer les coopératives de consommation.

En Amérique, les procédés d'union ont été parfois très vigoureux; c'était une étreinte bien énergique qui rappelait beaucoup les avances de Néron :

> J'embrasse mon rival, mais c'est pour l'étouffer.

Par ailleurs, participation réciproque aux bénéfices, échange d'actions et de directeurs, établissaient entre les entreprises une communauté d'intérêts, très utile à leur développement. De plus, les trusts, en général, n'ont pu se constituer qu'à l'amiable, et les grosses exploitations vendent leur adhésion à des conditions extrêmement avantageuses, et même ces immenses organisations, même la « Steel Corporation » doit conclure avec ses concurrents des cartells, ou plutôt des « gentlemen' agreements [2] ».

1. Le cartell n'est pas une prime à la routine; après comme avant la fixation collective des prix de vente, le fabricant aura intérêt à baisser son prix de revient par des procédés plus perfectionnés.

2. Les cartells interdits par la législation des Etats-Unis sont remplacés dans la pratique par des accords sans sanction juridique; d'où leur nom de « gentlemen' agreements ». Ils sont renouvelés dans des réunions périodiques.

L'histoire de ces trente dernières années semble bien indiquer — dans ses grandes lignes — que les peuples de progrès industriel intense, après des luttes très vives, cherchent dans l'association une organisation plus stable, plus régulière, peut-être plus pacifique. Trop faible par lui-même, l'individu demande sa puissance à l'union et cherche son intérêt particulier dans l'association d'intérêts et ainsi, par les cartells, les fusions, — comme par les syndicats ouvriers — et les compositions amiables de ces forces contraires, les multiples organes de la production, d'un pas très inégal sans doute, malgré des reculs, mais d'une marche résolue, s'orientent dans le sens d'une activité collective.

Mais dans ce conflit entre entrepreneurs, la paix n'est-elle point achetée de l'écrasement des plus faibles ou des moins habiles ? Tout au moins, n'est-elle point chèrement payée par les tiers : ouvriers, clients et consommateurs ? Au besoin, l'Etat serait-il encore de taille à défendre l'intérêt général contre les envahissements de ces puissances formidables qui, rompant avec les anciennes méthodes de la division du travail, ressoudant, intégrant les diverses phases de la production en des exploitations colossales s'étendent à des branches entières du domaine industriel ?

Le régime du libéralisme économique, après 150 ans d'une lutte acharnée contre tout monopole : monopole des corporations, monopole de l'Etat, s'épanouirait-il donc, au xxe siècle, en une floraison de monopoles privés, sortis tout naturellement des excès de la libre concurrence et de la libre association des producteurs ? Question particulièrement brûlante aux Etats-Unis. Dans cet immense pays encore neuf, doté de richesses naturelles considérables et de la législation la plus « libérale » du monde, des financiers particulièrement hardis ont étendu leur « contrôle » à une partie énorme du capital national. Depuis quelques années, peuple et gouvernement ont commencé à s'émouvoir et ont engagé contre les « trusts » une lutte des plus actives.

On ne sera donc pas étonné d'entendre cette conclusion de Liefmann : « On peut affirmer, sans exagération, que les cartells et les trusts constituent le problème d'économie générale le plus important, non seulement dans le présent, mais tout particulièrement pour l'avenir [1]. »

1. Liefmann : Kartelle und Trusts, p. 10.

SECTION DEUXIÈME

Comptoirs[1].

En France les Comptoirs les mieux organisés se rencontrent dans l'industrie métallurgique[2].

Le *Comptoir de Longwy*, société en nom collectif (au capital de 120.000 fr.), achète à ses associés toutes les fontes brutes de leur fabrication pour les revendre en France, dans les colonies et protectorats. Le Comptoir ne fixe pas aux usines le tonnage qu'elles doivent livrer, mais il répartit les commandes qui lui arrivent entre ses membres, suivant l'importance reconnue de leur établissement (il touche des remises sur les factures). Les contrats peuvent durer de 3 à 20 ans, et les prix sont réglés mécaniquement par les prix du coke. Le Comptoir distingue 14 sortes de fontes brutes, et les écarts de prix sont fixés statutairement.

Simple agent commercial, le « Comptoir » laisse toute indépendance à ses membres pour l'organisation de la fabrication. En fait, il a l'adhésion de la plupart des hauts-fourneaux de la région travaillant pour la vente. En 1910, il a expédié 355.675 tonnes de fontes brutes.

Sur le modèle du « Comptoir de Longwy » se sont constitués le *Comptoir des poutrelles*[3] (19 établissements adhérents), le *Comptoir des tubes* (4 adhérents), *des essieux* (11 adhérents), des *ressorts de carrosserie* (9 adhérents), un *syndicat pour les pointes*, un autre pour les *scories Thomas*...

On trouve encore des syndicats industriels de producteurs français pour la raffinerie de pétrole, pour les glaces, pour la vente des textiles. Ainsi la « Kartelle-Rundschau[4] » signale la reconstitution pour 20 ans du « Comptoir de vente des tissus français imprimés » (composé de 7 des plus grands établissements de Rouen, Epinal, Bolbec, Valenciennes).

---

1. Voir pages 27 et 28 les éléments caractéristiques des Comptoirs, des Cartells...
2. Cf. de Rousiers, Syndicats de producteurs.
3. Le *Comptoir des poutrelles* a un bureau technique et un comptoir spécial pour l'exportation (qui est passée de 40.000 tonnes à 200.000).
4. Août 1913.

SECTION TROISIÈME

Cartells.

L'*Allemagne* est la terre classique des cartells.

D'après l'enquête officielle de 1905, il y aurait 385 cartells industriels en Allemagne ; on compterait :

dans l'industrie du charbon	19 cartells	dans l'industrie du papier	6 cartells
» du fer	62 »	» du verre	10 »
» métallurgique	11 »	» de la pierre et de la terre	27 »
» chimique	46 »	» des tuiles	132 »
» textile [1]	31 »	» de la poterie	4 »
» du cuir et caoutchouc	6 »	» de l'alimentation	17 »
» du bois	5 »	» électrique	2 »
Divers	7 »		

D'après Liefmann (Kartelle und Trusts, p. 25), cette statistique n'est pas du tout complète, il y aurait en Allemagne plus de 500 cartells, s'occupant de plus de 400 produits différents : que ce soient des produits de grande consommation : matières premières, sucre, papier, ciment ; ou des spécialités très limitées : bustes pour décorations de devanture, essuie-plumes, calendriers, chaînes, lanternes de bicyclettes ; que ce soient des produits de peu d'importance : aiguilles, boutons de sonnette, ou des wagons, des locomotives.

Un des cartells les plus puissants est le syndicat du charbon rhénan-westphalien qui a englobé le syndicat du coke et le syndicat de vente des briquettes.

Les usines du syndicat rhénan-westphalien ont produit, en 1911, 86,9 millions de tonnes sur une production totale de 160 millions pour l'Allemagne. Le syndicat des houilles (Kohlensyndikat) d'un rayonnement encore plus étendu, contrôle 92 % de la production totale. Le gouvernement allemand lui-même qui, en 1912, s'était retiré de ce syndicat, prendrait part actuellement aux négociations en cours pour le renouvellement du syndicat[2]. Un autre syndicat s'occupe des charbons fins et menus criblés, un autre des cokes de Westphalie.

L'industrie du fer compte plus d'une centaine de cartells.

Le syndicat de l'acier, constitué en 1904, comprenait 31 sociétés (Krupp, Thyssen, de Wendel....), occupant 208.000 ouvriers, avec un

1. Si les cartells de l'industrie textile sont en général de peu d'importance, il en est tout autrement des « cartells de conditionnement ».

2. *Réforme économique*, 30 mai 1913, p. 683.

capital de 2.200 millions, et une expédition de 11 millions de tonnes en 1911.

Dans l'industrie chimique, plus de 100 produits font l'objet de cartells différents. Bien des fabriques de produits chimiques font partie de douzaines de cartells. Beaucoup de ces cartells, il est vrai, sont purement temporaires, ils disparaissent, revivent suivant les oscillations de la vie économique.

Au contraire, le cartell des sels de potasse existe depuis 1870. Il comprenait en 1909 52 membres et refusait d'englober les autres entreprises (300 en 1905), que la fièvre de la spéculation avait fait naître depuis 1901.

Le commerce, en général, se prête mal aux cartells. Comme les entreprises commerciales exigent presque uniquement du capital circulant et relativement peu important, un cartell de commerçants qui voudrait monopoliser une catégorie de marchandises aurait vite à soutenir la concurrence de nouveaux commerçants qui offriraient des prix inférieurs.

Cependant, dans certaines branches, les commerçants, menacés par les syndicats de producteurs, ont dû employer les armes de leurs adversaires : le cartell. Ce fut un choc de cartells rivaux, avec bien entendu des conclusions très diverses ; en particulier, commerçants et fabricants cherchaient à imposer au vaincu des conditions de paiement, de livraison, d'emballage qui leur soient favorables. Les commerçants cherchaient leurs alliés parmi les dissidents des cartells de producteurs, les fabricants s'ingéniaient à faire sortir des unions rivales les plus gros commerçants, en leur concédant des avantages particuliers ; et s'ils triomphaient, ils imposaient comme condition de paix, que les commerçants s'adressent uniquement à leurs cartells. Le commerce, toutefois, l'a emporté dans l'industrie des tapis, du verre, de la porcelaine, du lait, des matériaux de construction, du textile, du fer...

Au contraire, dans certaines branches de l'industrie, les cartells du haut commerce se sont entendus avec les cartells de producteurs. Par exemple le syndicat des charbons (Kohlensyndicat) a organisé de puissantes sociétés de commerce en gros, qui ont le monopole de la vente : Ainsi, depuis 1903, le « Bureau des charbons » (Kohlenkontor) pour l'Allemagne du sud ; en premier lieu vient un cartell de 44 marchands (capital de 13 millions de marks), puis un second groupe de marchands en gros plus modestes, enfin les marchands de détail locaux. Ces diverses sociétés ont pris des formes très variées : les unes visent à assurer le crédit, d'autres ont pour but les achats en commun, ou la fixation des prix, certains constituent des trusts du commerce de détail (avec magasins communs et répartition des bénéfices).

Le commerce du syndicat de l'acier est organisé, lui aussi, par 4 groupes d'associations hiérarchisées, recevant un rabais de 50 pfennigs à 2 m. 50 par tonne.

Mais il ne s'agit ici que de produits facilement sériés en un petit nombre de qualités uniformes, et soustraits à des variations de cours trop brusques.

Le petit commerce a recours également à des cartells pour les achats en commun, parfois aussi pour la production coopérative (fabrique de glace, d'acide carbonique pour les restaurateurs, fabrique de bouteilles pour les marchands de vin).

Ces très nombreux cartells sont de formes variées : les uns se bornent à partager entre leurs membres clientèles et débouchés ; les autres fixent des prix [1], ou même limitent la production [2]. En pareil cas, souvent le cartell distribue les commandes entre les entrepreneurs, par l'intermédiaire d'une banque, d'une maison de commerce, d'une société anonyme (dont chaque entrepreneur prend des actions au prorata de son importance). Mieux encore, une « centrale » achète la production des membres, la revend, et distribue les bénéfices ; parfois, les membres du cartell doivent verser à la caisse commune la différence entre le prix minimum de vente fixé et un prix convenu (correspondant environ au coût de production convenu), ou encore pour toute la production dépassant un quantum fixé, les membres doivent verser une somme supplémentaire à la caisse commune. Dans certains cas, pour affermir l'union, le cartell traite dans une usine commune les sous-produits des établissements affiliés.

Les cartells sont très loin de jouir d'une égale autorité. En général, leur efficacité à régler la concurrence et les cours est due à la rigueur, à la stricte observation des règlements. Le puissant syndicat de l'acier fixe à chaque usine son contingent suivant sa force de production et l'afflux des commandes. Le syndicat du charbon a réussi à maintenir depuis 1893 une grande régularité des prix, mais il frappe d'une amende chaque tonne livrée en plus ou en moins du règlement, et pour toute autre violation du traité, tout contractant s'engage à payer au syndicat une amende de 1.000 marks. Le bureau de vente se paie lui-même les amendes [3].

---

1. V. g. Cf. plus haut. Syndicalisme et Patronat : le Syndicat des Fabricants de Roubaix-Tourcoing.

2. V. g. La convention internationale des Glaceries a, par une réduction nouvelle de la production, imposé aux usines syndiquées un chômage supplémentaire de 4 jours pour août et septembre portant de 37 à 41 jours le nombre des journées de chômage pour le troisième trimestre de 1913.

L'Union des tisseurs de coton de l'Allemagne du Sud a décidé de réduire de 17 % sa production pendant le premier trimestre de 1914. Cette réduction sera obtenue par le chômage d'un jour par semaine. Il est stipulé toutefois que la décision n'aura un caractère définitif que si elle obtient l'adhésion des membres de l'Union. (Cf. *Réforme économique*, 26 septembre 1913.)

Les producteurs de nitrate ont adopté à une forte majorité un projet tendant à réduire de 2 millions de quintaux par semestre la production de nitrate, (pour les quatre derniers mois de 1913 la réduction ne sera que d'un million). Cf. *Economiste moderne*, 16 septembre 1913.

3. La convention provisoire des pétroles (en Autriche) n'ayant pas été observée

Une réglementation aussi précise, une discipline aussi rigide n'est possible que dans les industries où les produits se classent facilement en un petit nombre de genres et de qualités bien déterminés.

Aussi sont-ce les cartells de matières premières qui ont tout d'abord été créés, et qui maintenant encore sont les plus stables et rendent les plus grands services. Puis sont venus les cartells de demi-produits et même ceux de produits ouvrés. Mais dans ces dernières industries les cartells sont souvent purement temporaires; ils poussent nombreux dans les périodes de prospérité pour disparaître aux époques de dépression. Dans les industries de mode, aux articles extrêmement variés, aux brusques oscillations, les cartells semblent presque impossibles.

En général, le cartell borne son activité à une seule branche de produits : charbon, fontes, alcool, pétrole... Le syndicat de l'acier est le premier essai de cartell qui règle tout un ensemble de produits variés et leur fabrication successive. Dominant avec des moyens très énergiques toute l'activité des aciéries, il pourra, semble-t-il, régler d'une manière plus efficace la production, et par suite les prix, poussant ou restreignant, suivant la conjoncture, la fabrication, l'exportation de tel ou tel produit.

Autres pays.

En *Autriche-Hongrie* et en *Belgique*, les cartells sont nombreux, en *France* beaucoup moins. L'*Angleterre* [1] a une législation très défavorable aux associations qui tendent à restreindre la liberté du commerce, aussi n'y trouve-t-on que des cartells temporaires, à organisation très peu rigide, dans l'industrie du fer, du charbon, du textile, du ciment, de la porcelaine, des tapis, des produits chimiques.

Les *Etats-Unis*, vu cette même législation, se sont surtout développés dans le sens des fusions et des « holding Cie ».

L'*Italie* a des cartells du fer, du sucre, du papier, du marbre, du coton, de la soie, du verre, de l'alcool ; l'*Espagne* des cartells du fer, du sucre, du papier, du cuivre, du sel, des produits chimiques, du verre, de l'alcool ; les *pays scandinaves* des cartells du fer, du sucre, du papier, du cuivre, du ciment, de la chaux, du granit, du verre, de la cellulose, de l'alcool ; la *Russie* des cartells du fer, du sucre, du papier, du cuivre, du ciment, des produits chimiques, des allumettes,

---

par un grand nombre de raffineries, l'assemblée générale des raffineurs a prononcé la dissolution du cartell. La convention ayant stipulé des amendes pour ce cas, certains membres du cartell ont l'intention d'intenter des procès aux maisons qui par une baisse de prix ont contrevenu aux conditions du cartell.

1. En Angleterre il y avait des cartells de charbon dès 1780. Vers la moitié du XIXe siècle, se sont fondés des cartells dans les assurances, les mines de cuivre, le commerce de librairie, les chemins de fer.

des miroirs, du sel, du charbon, du pétrole, de l'industrie chimique; la *Suisse* des cartells du papier, des produits chimiques, de la brasserie, du ciment, de la chaux, du chocolat, du lait, du vinaigre, de l'électricité, de l'horlogerie; la *Bulgarie* des cartells de l'alcool, du tabac, de l'essence de rose, du sucre; le *Japon* des cartells de la soie, du coton, du thé, du charbon, du sucre, des allumettes; le *Chili* a son cartell du salpêtre; la *Turquie* celui des tapis de Smyrne; le *Mexique* et l'*Egypte* celui du sucre.

Cartells internationaux. — De 1897 à 1910, le nombre des cartells internationaux s'est élevé de 40 à plus d'une centaine : cartells des plumes d'acier, des aiguilles, des miroirs, du ciment, du kaolin, des produits d'émail, du plomb, du zinc, du nickel, du cuivre, de l'aluminium, de la porcelaine, des cravates, des cache-nez, des cartes-postales au bromure, des cinématographes, surtout cartells des entreprises de navigation (une douzaine), et des produits chimiques (une douzaine).

SECTION QUATRIÈME

Fusions. Combinaisons...

Dans les 30 dernières années, l'industrie et le commerce des grandes nations se sont caractérisés par un mouvement de concentration évident. Inutile de prouver que cette évolution ne s'est opérée que par un grand nombre de fusions et de combinaisons.

Les statistiques précédentes des sociétés anonymes ont montré, en termes assez clairs, l'importance de ces exploitations concentrées dans les diverses branches de l'activité industrielle et commerciale : mines, métallurgie, transports, commerce en gros, commerce en détail des sociétés à succursales multiples ou des bazars, banques... Il suffira d'ajouter quelques exemples pour mieux expliquer les rapports des cartells avec les fusions et les combinaisons.

Certaines exploitations n'ont recouru aux fusions qu'après avoir essayé du cartell sans succès : par exemple en Angleterre, pour l'industrie du sel, de la soude, de la teinture et du peignage de la laine, des étoffes imprimées, du ciment, des tapis; en France, les usines de papier de paille pour emballage se fusionnent dans la « Société générale des papeteries du Limousin » ; en Allemagne, les fabriques de tapis, après l'échec de leur cartell, tentent une fusion (qui réussit à concentrer seulement un cinquième de la production) : il en est de même pour les chambres photographiques.

D'ailleurs cartells n'excluent pas fusions et combinaisons. Pour obtenir de plus forts contingents, lors des renouvellements de cartells, certaines entreprises s'agrandissent de firmes rivales : l'organisation des cartells a même produit en Allemagne — ces dernières années — un phénomène de combinaison très curieux, nouvelle illustration du vieux dicton : « Tout principe poussé à l'extrême aboutit en son contraire. » Trouvant insuffisant leur contingent dans le cartell, de grandes mines de charbon se sont annexé des établissements métallurgiques qui, surtout en cas d'avilissement des cours, utiliseraient le surplus de leur vente. Ainsi la « Gelsenkirchen » s'est adjoint 2 établissements métallurgiques[1]. Inversement, pour échapper aux exigences des cartells de matières premières ou de demi-produits, certaines firmes de produits finis se sont mises à exploiter les matières premières et à fabriquer toute la série des produits intermédiaires : l' « Aachener Hüttenverein » s'est annexé des mines (la « Rote Erde » et le « Schalker Gruben-und Hüttenverein[2] »).

Des fabricants de sel de potasse travaillent les produits de leurs mines de charbon.

Hendschel et fils (locomotives de Cassel) et jusqu'à des filateurs anglais, commencent à s'assurer des houillères pour leur propre consommation ; les mines d'or sud-africaines ont leurs fabriques d'explosifs.

On conçoit quelles nouvelles difficultés amènent au renouvellement des cartells ces complications des intérêts individuels. Entreprises combinées, qui absorbent une partie de leurs produits, et entreprises pures et simples, qui livrent au bureau de vente toute leur production, ne peuvent plus avoir une politique commerciale identique : on verra sans doute les effets de ces combinaisons au prochain renouvellement du cartell allemand des charbons en 1915.

Il ne faudrait pas croire que fusions et combinaisons visent toujours au monopole, encore moins qu'elles le réalisent toujours. Point de monopole chez les grandes banques berlinoises, qui doivent cependant leur importance à des fusions multiples. Liefmann va même jusqu'à dire : « Il n'y a point de doute qu'avec les cartells allemands le monopole s'est beaucoup plus largement développé dans l'industrie que par les fusions et les combinaisons des entreprises américaines. »

Toutefois, certaines grandes fusions étendent un pouvoir indiscuté sur des branches entières de l'industrie. En Allemagne, par exemple, sur les fabriques

1. Ces entreprises sont très puissantes. Elles donnent les plus gros dividendes parmi les établissements métallurgiques : un minimum de 20 %, parfois 75 %. Le Schalker Gruben-und Hüttenverein, produit d'une combinaison antérieure, possède déjà la grande mine « Pluto ». — Cf. Liefmann, *op. cit.*

2. En France également se développent ces combinaisons : par exemple, Lens associé avec Commentry, Fourchambault-Decazeville a fondé l'usine métallurgique de Pont-à-Vendin, Béthune est unie aux aciéries d'Isbergues.

de nickel, de gélatine, sur la navigation de l'Elbe... ; en Autriche, sur la fabrication des fez, sur les produits chimiques, sur les matières inflammables... ; en Angleterre, dans l'industrie du sel, de la soude, de la laine (peignage, teinturerie), des étoffes imprimées, des tapis... ; la fusion des 19 fabriques allemandes de poudre, après avoir conclu une nouvelle fusion avec leur principal concurrent, la fabrique de Cologne-Rottweiler, se partage le monde avec le trust de la dynamite et des fusions semblables françaises et américaines...

SECTION CINQUIÈME

Concentration financière : communauté d'intérêts, participation financière, contrôle.

Dans les fusions et combinaisons proprement dites, un individu ou une association devient propriétaire des exploitations, qui forment dès lors avec l'acheteur une seule personne juridique, une seule entreprise économique.

Dans certains cas, l'union de plusieurs firmes consiste seulement en une participation réciproque aux bénéfices : ce système est surtout fréquent dans l'industrie chimique depuis une dizaine d'années. Ainsi, dans un de ces accords, l' « Elberfelder Farbenfabrik » touche 43 % des bénéfices, la « Badische Anilin-und Sodafabrik », 43 %, la société anonyme de la fabrication de l'aniline, 14 % [1].

En général, on n'en reste pas là. Or, le régime des sociétés anonymes permet à un capital relativement restreint d'accaparer la direction effective d'un nombre de firmes considérable, tout simplement en prenant et en conservant dans son portefeuille la majorité des actions de ces diverses sociétés.

Ce moyen, très économique sans doute, réclame toutefois, dans les grandes concentrations modernes, des capitaux énormes ; seuls des banques ou des groupes financiers peuvent les fournir. Le mécanisme de ce « contrôle » ne peut donc se comprendre qu'après une étude rapide de la finance dans ses rapports avec la vie industrielle et commerciale.

1. Cf. Liefmann, Kartelle und Trusts.

Les Banques et la vie économique moderne.

Toute entreprise a recours aux banquiers pour le paiement de ses achats, pour ses transports d'argent, pour le recouvrement, l'escompte de ses traites, pour emprunter, à certaines époques de l'année, par warrants, sur des stocks énormes de matières premières ou de produits fabriqués. Cette collaboration du banquier aux affaires industrielles peut déjà fortement influencer l'organisation d'une entreprise, surtout lorsqu'elle se présente sous forme de crédit à long terme aux exploitations d'importance secondaire. Ainsi le petit fabricant tombe parfois sous la tutelle oppressive du négociant qui lui sert de banquier et lui avance à des taux usuraires très savamment déguisés ses matières premières et son capital d'exploitation [1].

Mais ces entreprises modernes poussent beaucoup plus loin leurs rapports avec les financiers : comment se procureraient-elles les sommes énormes dont elles ont besoin pour se constituer en sociétés anonymes, pour opérer fusions ou combinaisons sans émettre actions et obligations ? Et comment procéder à ces émissions sans les bons offices des banques et des sociétés de crédit ? Ce concours de la « finance » se présente sous les formes très variées que Liefmann, dans ses ouvrages, en particulier dans son « Unternehmungsformen », ramène à quelques types précis. La pratique ne connaît guère la rigidité de cette classification : une même institution de crédit pousse son activité dans plusieurs genres à la fois ; mais cette distinction théorique sert beaucoup à une meilleure intelligence de ces procédés complexes.

Banques de crédit.

En France, les 4 grandes institutions de crédit : Crédit Lyonnais (capital 250 millions), Société Générale (capital 500 millions), Comptoir National d'escompte (capital 200 millions), Crédit industriel et commercial (capital 100 millions), se livrent principalement aux opérations de banque proprement dites.

Armés d'un capital formidable et surtout de dépôts très abondants que leur ont attirés leurs innombrables succursales et la publicité des bilans (ces 4 grandes sociétés ont plus de 4 milliards ½ de dépôts et comptes créditeurs), ces établissements de crédit ont fait baisser le taux de l'escompte et enlevé aux banques locales leur clientèle d'industriels et de commerçants. Privées de leur revenu le plus important, les petites banques privées [2] n'avaient

1. M. du Maroussem a décrit, dans une enquête sur les « ébénistes », comment le petit fabricant était devenu la proie des grands magasins.

De même M. P. Descamps (la Flandre française : Patrons de l'industrie textile) souhaite la création d'une banque de crédit qui libérerait du négociant le petit fabricant de l'industrie textile.

2. A Paris et dans certaines régions industrielles subsistent encore des banques privées très actives.

plus qu'à disparaître, sans même avoir la ressource — sauf des cas très rares [1] — de fusionner avec leur rival trop heureux. Les 4 grandes sociétés sont maintenant maîtresses du marché de l'escompte en France. Au Crédit Lyonnais, la plus grande banque française de dépôts et d'escompte, fin 1911, le portefeuille d'effets atteignait 1.316 millions (626 millions fin 1899), le montant des effets entrés dépassait en 1911 16 milliards (il était de 10.728 millions en 1899). Un clientèle croissante en nombre et surtout en aisance se fait ouvrir un compte courant dans ces grandes institutions de crédit (en 1908 le Crédit Lyonnais avait ouvert 482.000 comptes courants, la Société Générale, le Comptoir national d'escompte : 450.000 [2]; à la Société Générale, de 1901 à 1911, les comptes courants se sont élevés de 288 millions à 1.052 millions.

Elle leur confie les paiements et encaissements divers qui les concernent.

La *Banque de France* (capital de 182.500.000 fr.) a un pouvoir éminent pour régler le marché du crédit en France. Pour l'ensemble du réseau bancable, les effets à encaisser ont été, en 1912, au nombre de 31.032.000, formant une somme totale de 19.331.300.000 fr. (les encaissements d'effets à Paris seul ont porté sur 8.081.500 effets pour 8.184.166.000 fr.) : ce qui marque un grand progrès, puisqu'en 1908 les effets encaissés ont été de 21.854.000 pour une somme de 12.800.000.000 fr. Bien que sous la poussée du gouverneur actuel, la Banque de France réussisse à augmenter ses escomptes directs aux particuliers, elle reste avant tout, avec la puissance que lui donne le privilège de l'émission, l'escompteur ou mieux le réescompteur du banquier ou de la société de crédit, et c'est par là qu'elle contrôle tout le marché du crédit français en facilitant ou en restreignant ce réescompte par son taux officiel d'escompte.

En ***Angleterre***, les « Joint Stock Banks » traitent presque exclusivement les opérations professionnelles de banque. En 1905 [3] existaient 26 établissements de ce genre, ayant chacun plus de 100 succursales et en tout 4.851 (le « Lloyds Bank L^t^ », 518 succursales; le « London City and Midland Bank L^d^ », 487 ; le « Barclay and Cy L^d^ », 430). De ces sociétés, 6 seulement s'occupent occasionnellement d'émissions et uniquement à la commission.

Au 31 décembre 1905, dans les « Joint Stock Banks », à la Banque d'Angleterre et dans les autres banques publiant leurs bilans, les dépôts atteignaient 21 ½ milliards de francs. (v. g. à la « Lloyds Bank », dont le capital souscrit est de 601.812.500 fr., le capital versé de 96.290.000 fr., les réserves de 73.750.000 fr., les dépôts atteignaient 1.589.698.275 fr.); dans les autres banques dépôts à l'avenant...

Aux ***Etats-Unis***. — En dehors des « banques d'affaires » (qui sont surtout

1. En Allemagne, banques locales et banques régionales se sont mises d'accord en formant des cartells de banques sous le contrôle de la Banque la plus importante du groupe : par ex. : cartell de la « Deutsche Bank » (19 établissements disposant de 3.335 millions de M.; cartell de la « Dresdener Bank : 17 établissements disposant de 2.144 millions de M.); cartell de la « Disconto Gesellschaft ». — Cf. Roth Le Gentil, Mouvement de « concentration des Banques en France », 1910.

2. Cf. Lefranc, « La liberté du commerce et les établissements de crédit »; de Saint-Maurice, « Histoire générale des sociétés de crédit en France ».

3. Cf. Testis, Le rôle des établissements de crédit en France. *Revue pol. et parl.*, 1907.

les « Privates Bankes ») les Etats-Unis possédaient, au 14 juin 1912, 7.372 « National Banks » ayant le pouvoir d'émettre des billets garantis par des « bons des Etats-Unis » (en 1911, 7.218 de ces « National Banks », au capital de 1.007,3 millions de dollars, avaient 513,2 millions de dollars de dépôts, leurs prêts et escomptes s'élevaient à 5.610 millions au 7 juin 1911). Ajouter les 13.381 « State Banks » (en 1911 : prêts et escomptes, 2.439,4 millions de dollars; dépôts, 2.777 millions; capital, 452,9 millions); les 1.292 « Stock Savings Banks » (avec 9.794.647 déposants, 4.212,5 millions de dollars de dépôts, 2.415 millions de prêts et escomptes); les 1.410 « Loan and Trust Banks » (avec un capital de 385,7 millions de dollars, 2.429,4 millions de prêts et escomptes, 3.295,8 millions de dollars de dépôts); les 1.110 « Private Banks ».

L'ensemble des dépôts s'élève donc à plus de 17 milliards de dollars.

Pour la solidité du crédit, il manque une banque centrale servant de lien entre toutes ces banques et réescomptant leurs effets. Depuis la crise de 1907, plusieurs projets (en particulier le projet Aldrich), vise à combler cette lacune.

En *Allemagne*. — Les banques allemandes, beaucoup plus audacieuses, étendent leur activité bien au delà des opérations de banque proprement dites. On verra plus loin l'importance et la nature de leurs participations financières.

D'après la *Gazette de Francfort*, en 1910, 7 banques de Berlin avaient 312 caisses de dépôt et, en comptant les banques affiliées, 418 (dont 237 à Berlin). L'ensemble de ces caisses s'élève en Allemagne à 550. En 1911, 9 banques de Berlin (capital-actions, total : 1.240 millions de M., réserves : 386,9 millions de M.) portaient au poste de leurs engagements 1.252 millions d'acceptations, 3.208 de comptes créditeurs, 1.565,8 de dépôts; — 41 banques de province (d'un capital supérieur à 10 millions de M.) (capital-actions, total : 1.372 millions de M., réserves : 300 millions), portaient au passif de leurs bilans 915,4 millions d'acceptations, 1.892,8 millions de comptes créditeurs, 1.216,9 millions de dépôts [1].

Industrie et institutions de crédit.

Tout en n'étant pas des banques dites « d'affaires », les établissements de crédit rendent des services aux affaires. En abaissant le taux d'escompte, par exemple, elles ont fait réaliser au commerce et à l'industrie de grandes économies [2]. Au reste les sociétés de crédit accordent des découverts importants aux bonnes maisons et pour des besoins temporaires : caution, livraison à découvert de connaissements représentant des marchandises importées; avances pour une forte liquidation à la Bourse; crédits de campagne de trois à neuf mois.

1. Cf. François, *Revue d'Economie politique*, sept. 1912 et *Monde Economique*, 26 juillet 1913.

2. De 1904 à 1908 les taux d'escompte à la Banque de France ont été inférieurs de 2 % en moyenne à ceux des banques étrangères. M. Lefranc prétend (« la liberté du commerce et les établissements de crédit »), que l'économie, ainsi réalisée pendant cette période, ressortirait à environ 750 millions pour l'ensemble des banques et établissements de crédit français.

Il n'y a peut-être pas en France, dit Testis [1], « une seule agence du Crédit Lyonnais, de la Société Générale et du Comptoir National qui ne donne des facilités de cette nature aux principaux négociants et industriels de leur région. Il arrive même assez fréquemment, lorsqu'une entreprise en bonne situation a besoin d'un très gros découvert, que deux ou trois établissements de crédit s'entendent pour le fournir à risques communs. » De plus nos quatre grands établissements de crédit avaient, au 31 décembre 1908, 148 millions comme portefeuilles et participations financières.

Un autre service rendu aux affaires : c'est le placement des actions et obligations des grandes sociétés anonymes :

Tantôt (moyennant une commission par exemple d'½ %), les établissements de crédit ouvrent leurs innombrables guichets à une émission sans en prendre la responsabilité. Tantôt ils prennent les titres « ferme » à leurs risques. Ils versent tant par titre à la Société qui se fonde : c'est définitif, sans possibilité de rétractation ou de dédit et, suivant le succès de la campagne, l'établissement émetteur revendra au public avec des bénéfices plus ou moins forts ou devra immobiliser, parfois pour longtemps, le stock des titres invendus. Les quatre grandes Sociétés françaises de crédit, soit chacune séparément, soit constituées en « syndicat financier » entre elles ou avec d'autres banques, pratiquent largement ce double système d'émission. Pour citer quelques exemples : elles ont patronné les obligations de la Cie générale des voitures, de la Cie générale d'électricité, de Denain-Anzin, des chemins de fer départementaux, de la Cie Thomson-Houston, de Dyle-Bacalan ; de la Briansk, de l'Oural-Voulga et de maintes sociétés industrielles russes...

Mais ces sociétés de crédit, qui sont avant tout des banques de dépôt et de dépôts « à vue » en bonne part, ne peuvent risquer d'immobiliser dans ces émissions une trop grosse partie de leurs ressources. Que se produise un resserrement des affaires, une crise industrielle ou politique, les dépôts seront redemandés ; et, si la Société, engagée dans la prise ferme et l'écoulement de titres, ne peut faire face immédiatement à ces réquisitions, c'est la panique et la ruine. Aussi les sociétés de crédit, pour maintenir leurs ressources à l'état de disponibilité très prochaine, recherchent les escomptes d'effets proches de leur échéance, les reports, les prêts à court terme sur espèces et sur titres soigneusement sélectionnés. Les émissions et encore celles de titres plus spécialement sûrs : emprunts d'Etats, de villes, obligations des grandes entre-

1. Testis : *Rôle des établissements de crédit en France.* Testis cite l'exemple suivant : Lorsque la ville de Paris a fait appel à l'industrie privée pour soumissionner le gaz de Paris, elle a retenu les offres de quatre groupes et, avant toute décision, elle a demandé le versement immédiat par chacun d'un cautionnement de cinq millions. Ces vingt millions furent fournis dans les quarante-huit heures par les sociétés de crédit sur lesquelles s'appuyaient les candidats. Une histoire toute récente montre bien qu'une banque a pu avancer jusqu'à quatre millions à un seul spéculateur en soie.

prises ne sont engagées que sur une fraction du capital et des réserves. Les banques allemandes elles-mêmes adoptent de plus en plus cette politique. Si l'importance des participations (commandites, achats de titres) augmente par rapport au capital et aux réserves, elle diminue par rapport aux dépôts et aux comptes courants [1], et M. Von Lumm, un des directeurs de la Reichsbank, pour lutter contre l'exagération du crédit ouvert par les banques, propose une réduction des acceptations, une restriction des crédits accordés surtout pour les placements à l'étranger.

Les banques de dépôt étant incapables de subvenir largement aux très nombreuses sociétés anonymes qui se fondaient, encore une fois le besoin créa l'organe. Il s'établit des banques capables d'immobiliser un capital abondant pendant tous les aléas d'une émission, ou même désireuses de conserver dans leur portefeuille les titres à placer. Ces « banques d'affaires » se firent une spécialité de ces émissions, restreignant parfois leur activité à tel pays ou à telle catégorie de sociétés industrielles. Le rôle de ces banques est de la plus haute importance dans l'évolution économique de ces dernières années [2].

1. Pour les quatre plus grands établissements de Berlin, au 31 déc. 1895, les participations et le portefeuille titres s'élevaient à 232 millions de M.; le capital et les réserves à 480; les dépôts et comptes courants à 573; au 31 décembre 1906, les participations et le portefeuille titres s'élevaient à 557 millions de M.; le capital et les réserves à 922; les dépôts et comptes courants à 2.377 millions de M.

2. Nous ne pouvons que signaler ici la question du crédit aux petites et aux moyennes entreprises. Les grandes banques ayant ruiné les petites banques de province, soutiens attitrés de ces établissements, n'ont-elles pas drainé les épargnes au seul profit des emprunts publics et des sociétés anonymes de première importance? « Dans notre pays, disait M. Caillaux à Lille (janvier 1911), un commerçant ou un industriel à la tête d'une affaire moyenne peut-il la développer en ayant d'ailleurs pour ce faire les éléments d'activité indispensables? Il ne trouvera les capitaux nécessaires que s'il peut se les procurer auprès des particuliers; à part des cas exceptionnels il n'est pas d'organisme de banque qui les lui fournira. » Le réveil des banques régionales permet d'espérer une certaine amélioration de la situation, si elles ne se tournent pas avec trop d'exclusivisme vers le trafic des émissions. Les intéressés, de leur côté, ont organisé des caisses coopératives. (En 1908 il y avait 2.636 caisses locales agricoles avec 116.866 membres ayant versé un capital de 7.055.214 fr. Elles avaient fait 61.310.267 fr. de prêts nouveaux et avaient 29.720.297 fr. de prêts en cours à la fin de l'année précédente.) Les résultats obtenus à l'étranger montrent qu'il peut y avoir une solution beaucoup plus complète. Enfin le gouvernement, depuis plusieurs années, promet aux classes moyennes des « réformes urgentes ». En Allemagne les seules associations Schulze-Delitzsch, au nombre de 28.851, groupaient en 1908, 4.105.594 membres. Le chiffre d'affaires des seules sociétés de crédit mutuel s'est élevé en 1909 à 12.499 millions.

Sur le rôle de la Banque de France dans le crédit agricole voir le discours de M. Aupetit (chef du service administratif et des Etudes économiques à la Banque de France) devant la Commission Américaine d'Etudes agricoles. (Annales de la Mutualité et de la Coopération Agricoles. Août 1913.)

Banques d'affaires.

Banques d'émission. — A côté des grandes sociétés françaises de crédit qui s'occupent accessoirement d'émission, de nombreuses banques privées et sociétés de crédit s'intéressent principalement aux émissions.

En France : Rothschild, Vernes et Cie, Hottinguer et Cie, Heine et Cie, Mallet frères et Cie, de Neuflize et Cie, Heine et Cie, Stern et Cie, Demachy et Seillière, la « Banque de Paris et des Pays-Bas », la « Banque Française pour le commerce et l'industrie », l' « Union Parisienne », les banques de province unies dans la « Société centrale des banques de province [1] » ; à l'étranger la « Banque Suisse et Française », l' « Union Bank of London », la « Bank of Liverpool », la « Royal Bank of Scotland », la « Banque de l'Azoff-Don », la « Banque de commerce privée de Moscou », le « Basler Bankverein », la « Société Générale de Belgique », le « Crédit général Liégeois », le « Credito Italiano »...

Réduites à leurs seules forces ou groupées en syndicats financiers, ces banques se font adjuger par l'établissement producteur la prise et l'écoulement des titres. Leur désir est de s'en débarrasser le plus vite possible et aux meilleures conditions du marché. Parfois la Société anonyme fixe elle-même le prix de vente proposé au public, et la banque reçoit une prime pour frais d'émission [2]. C'est à la banque d'écouler les titres soit dans le cercle de ses clients habituels, soit généralement dans le « marché public ». Rabattues par les réclames, les bulletins financiers des journaux, les affiches, les circulaires, les revues spéciales, les conseils des employés aux guichets des sociétés de crédit, les visites personnelles des démarcheurs, la grosse et la petite épargne absorbent peu à peu le flot de valeurs ; parfois après des vicissitudes de bourse plus ou moins brusques — si l'émission réussit — le titre finit par se « classer ».

Voici, à titre d'exemple, l'activité en 1912 de la grande Banque Française d'émission : la « Banque de Paris et des Pays-Bas » :

D'après le rapport du Conseil d'administration (assemblée générale du 22 avril 1913), la « Banque de Paris et des Pays-Bas », malgré les troubles politiques de l'exercice 1912, participait à l'émission des obligations 3 % de la ville de Paris, du Crédit Foncier de France, des chemins de fer Andalous, des obligations 4 % des chemins de l'Etat Français, de la Banque hypothécaire du royaume de Danemark, du Crédit Foncier d'Autriche, du Crédit

1. La Société centrale du Syndicat des banquiers de province comprend 200 membres disposant de 600 guichets (en France, Algérie, Tunisie, Maroc), et d'un capital de 1.500 millions.

2. Lors de l'émission des titres des chemins de fer du Sud, l'inspection générale des finances fixait 10 à 12 fr. par titre de 500 fr. comme dépense maxima des frais d'émission.

Foncier Franco-Canadien, des obligations 4 ½ % d'une banque russe, d'une Cie de chemins de fer russe et de deux autres Cies brésiliennes, des obligations 5 % de la Cie des messageries maritimes, de la ville de Tokio, des actions privilégiées de l'American Smelters Securities Cy, à l'augmentation du capital de la Banque Privée, de trois sociétés Françaises (de ciment — d'usines métallurgiques — d'ateliers de constructions électriques), du Crédit Foncier Franco-Canadien... La « Banque de Paris et des Pays-Bas » créait aussi en 1912, de concert avec les principaux établissements financiers de Paris, la Cie Générale du Maroc. Elle négociait des bons à court terme émis par plusieurs puissances, incapables de contracter un emprunt consolidé (v. g. la Bulgarie).

Dans le compte de profits et pertes, le chapitre intérêts et bénéfices du portefeuille figure pour la somme de 7.370.309 fr. (contre 6.400.159 fr. en 1911); le chapitre commissions pour 3.255.414 fr. (contre 2.877.631 fr.).

Certaines banques, surtout étrangères, se chargent d'introduire en France des valeurs étrangères (v. g. la Banque Franco-Américaine). Ces banques se multiplient à Paris depuis quelques années.

Les banques d'émission, comme la « Banque de Paris et des Pays-Bas », leur bilan des « participations » le montre bien, gardent en portefeuille une partie des titres à écouler. Mais c'en est toujours une portion très limitée. Or, d'autres sociétés de crédit sont spécialisées dans ces participations financières.

Il y a des entreprises qui ne peuvent immédiatement rémunérer leurs actionnaires : chemins de fer, exploitations coloniales, sociétés immobilières, commerce international... Le public serait peu tenté par l'émission de pareils titres. D'où la nécessité de banques spéciales, de groupes financiers qui, pendant un certain temps, immobilisent ces actions dans leur portefeuille. Ces banques pourront beaucoup plus facilement placer leurs propres actions, dont elles diminueront les risques, en s'intéressant à des affaires variées et qu'elles rémunéreront par les dividendes de sociétés en plein exercice; parfois même ces banques émettent des obligations; c'est ce que Liefmann appelle des « sociétés de participation » (Beteiligungsgesellschaften), dont le but principal est la « substitution » des actions d'autres sociétés à leurs propres actions.

« Sociétés de participation financière. » Participation étendue.

Le champ d'activité est extrêmement varié. Pour les grandes banques de crédit il s'étend à tous les pays, à tous les genres de commerce et d'industrie. Les capitalistes français placent de préférence leur capital dans des valeurs à revenu fixe, en particulier dans les emprunts d'Etat. Cependant de plus en plus, et parfois avec une témérité inconcevable, ils confient leur épargne aux sociétés industrielles : sociétés de crédit, banques d'affaires se chargent de lui trouver d'abondants débouchés.

Quelques-unes de ces banques n'émettent pas les actions de ces sociétés immédiatement, et sont ainsi plus ou moins des « sociétés de participation financière ».

Dans ce genre on peut citer la « Banque Transatlantique » (qui a participé en 1911 à la constitution de la « Banque commerciale du Maroc »), la « Banque commerciale et industrielle » et surtout le « Crédit mobilier Français »... Les grandes banques régionales françaises, depuis leur renouveau de vitalité, ont rendu de très grands services aux sociétés régionales par l'émission de leurs actions et obligations. « Dans le seul département de Meurthe-et-Moselle, les titres des sociétés par actions représentent plus de 600 millions. Or, ces 600 millions ont été, pour la plus grande partie, fournis par les capitalistes lorrains aux industries lorraines par l'intermédiaire des banques lorraines. Depuis 1889 seulement, nos cinq banques de Nancy ont préparé pour 200 millions d'émissions et en préparent chaque année davantage : 12 à 13 millions par an de 1889-1904; 28 en 1905; 45 en 1908 [1] ». Les banques lorraines conservent des intérêts très importants dans les affaires industrielles, et il en résulte une pénétration et une collaboration très intime de la banque et de l'industrie.

L'Angleterre connait les « Investment Trusts » dont le capital est employé à acheter des valeurs très diverses de manière à répartir les risques et assurer un revenu relativement fixe. L'Amérique possède des sociétés ou des banques de participation particulièrement puissantes. La Suisse (Société financière franco-américaine), et la Belgique (Société générale pour favoriser l'industrie nationale), déploient également sur ce terrain une très grande énergie. L'histoire de la Banque d'Outremer caractérise ce genre de banque.

La Banque belge d'Outremer [2], fondée en 1899 et spécialisée d'abord dans les affaires congolaises, a étendu très largement son champ d'action. Par sa filiale « la Cie internationale d'Orient », par le « Crédit Foncier d'Extrême-Orient » (Société de prêts hypothécaires qu'elle a constituée avec la Banque de l'Indo-Chine, la « Société Générale de Paris », la « Banque de Paris et des Pays-Bas »), la Banque d'Outremer occupe en Chine une situation importante (v. g. dans le « charbonnage de Kaïping », dans les « tramways de Shanghaï », les « tramways de Tientsin »). En Amérique l' « Outremer » a créé « la Société Générale d'entreprises au Canada », la « Belgo-Canadian Pulp and Paper Cº » (pour la fabrication de la pâte à papier). Aux Indes-Néerlandaises l'Outremer a participé à la création de plusieurs entreprises de plantations pour les cocotiers : la « Maatschappy voor Ondernemingen in Nederlandch Indie » qui assure de plus la direction d'une Société pour le caoutchouc (la « Sumatra Caoutchouc Maatschappy »), d'une autre pour le café et la coca, d'une troisième pour le café. En Europe l'Outremer contrôle une agence maritime à Anvers; la fourniture de l'éclairage et de la force par le gaz et l'électricité dans toutes les Flandres et le Brabant; l'exploitation de la télégraphie sans fil (système Marconi); un chantier naval; des sucreries et raffineries en Italie; la Société des charbonnages « Laura et

1. Brocard : « Les marchés financiers de province » dans « les grands marchés financiers ».

2. *Le Temps*, supplément illustré du 12 juillet 1913.

Vereeniging » (dans le Limbourg hollandais); la construction de fours à coke à récupération de sous-produits du charbon...

Toutes ces sociétés ont leur siège dans les immeubles de la banque l'« Outremer » (capital, 40 millions; réserves, 8 millions). C'est donc, outre une grande banque ordinaire (ordres de Bourse, compte...), une banque d'affaires étudiant les affaires à créer, procédant à leur mise en œuvre par le concours de ses capitaux et l'appui de ses administrateurs.

Participations spécialisées. — A l'encontre de ces sociétés de crédit d'une envergure universelle, certaines sociétés de participation, filiales d'une grande entreprise industrielle ou établissement autonome, se limitent à une profession déterminée. Parfois, c'est l'établissement lui-même qui se charge de financer. Ces participations sont quelquefois très hardies.

V. g. la « Stettiner Chamottefabrik », au capital de 16 millions de M., a pour 8,2 millions de participations, 1,8 million placé en valeurs, et ses propres installations, marchandises, stocks, ne s'élèvent qu'à 5 millions ½ seulement; la fabrique de cellulose Waldhof, au capital de 15 millions, a pour 15 millions ½ de participations; la société « Siemens et Halske », au capital de 63 millions de M., a pour 79,23 millions de participations.

Il faudrait des pages pour la simple énumération de ces banques, de ces entreprises à participations et de leurs filiales.

L'industrie électrique, une des toutes dernières inventions, a des attaches particulièrement intimes avec les banques et les groupes financiers.

Le groupe Empain[1] embrasse, en France, une partie considérable de l'industrie électrique. La « Société parisienne pour l'industrie des chemins de fer et tramways » (capital 50 millions) a pour but de créer des sociétés électriques, d'émettre leurs titres en bourse, et d'en garder en portefeuille une portion (en général le tiers sous le nom d'actions d'apport). Cette société parisienne a fondé de nombreuses filiales en France et à l'étranger, dans les trois branches principales de l'industrie électrique, notamment : dans la traction, les tramways Nord-Parisiens (cap. 6 millions), le Métropolitain (cap. 75 millions); dans la production de l'énergie électrique, la Société d'électricité de Paris (cap. 25 millions actions, 10 millions obligations); dans la construction du matériel électrique, les ateliers du Nord et de l'Est (cap. 20 millions). Les filiales possèdent en portefeuille les actions les unes des autres. Ainsi, les ateliers du Nord et de l'Est ont des participations dans les sociétés de transport, qui, ainsi, leur prennent le matériel. Ne pouvant englober une banque de dépôt (les établissements de crédit français s'y refusent), le groupe Empain, pour les disponibilités momentanées, donne la clientèle de ses filiales à des banques de dépôt différentes. Pour fonder une nouvelle Compagnie, il négocie les titres en bourse, et à mesure qu'ils trouvent preneur, la Compagnie, avec l'argent de cette vente, exécute ses installations.

La « Compagnie française pour l'exploitation des procédés Thomson Houston » (constituée en 1893 au capital de 1 million, porté en 1909 à 60 millions), non seulement étend son activité à tout ce qui concerne l'in-

1. Cf. Passama, *Formes nouvelles de concentration industrielle*, p. 14.

dustrie électrique (installations de tramways, construction de dynamos, télégraphie), mais elle a pris, en outre, des participations dans de très nombreuses Compagnies électriques (« Compagnie générale parisienne de tramways », tramways de Bordeaux, Nice-Rouen, Amiens, Nogentais, tramways Algériens, Verseillaise de tramways, Compagnie générale française des tramways, Compagnie générale des omnibus, tramways de Paris et du département de la Seine, Compagnie générale de distribution d'énergie électrique, Energie électrique du littoral méditerranéen, Energie électrique du Sud-Ouest, Société des forces motrices de la Haute-Durance, Société centrale pour l'industrie électrique, Electricité de Rosario, Constantinople...) La société contrôle la plupart de ces entreprises auxquelles elle prête son concours financier en se réservant comme constructeur leur clientèle [1].

La Banque allemande « pour entreprises électriques » est une fondation de la « Société générale d'électricité » de Berlin [2]. Fondée à Zurich en 1895 au capital de 35 millions (porté maintenant à 75 millions), la « Banque pour entreprises électriques » a des intérêts dans les sociétés électriques de Séville, Strasbourg, Pétersbourg, Moscou, Berlin, Bakou, Milan, Venise..., dans la « Société allemande transatlantique », dans les tramways de Gênes, Königsberg...; dans plusieurs usines électriques (dont les principales ont livré, en 1910, 497 millions de kilowatts-heure, et 605 en 1911); dans l'usine d'Altona, dans la « Banque fiduciaire pour l'industrie électrique » à Bâle, dans l'usine du Métropolitain de Hambourg, dans la « Compagnie centrale d'énergie électrique à Paris », dans la « Société centrale pour l'industrie électrique à Paris », dans le consortium créé pour financer la société belge, « l'Union ottomane » de Constantinople, dans la station centrale de « Bogorodsk » (près Moscou). D'après le rapport du Conseil d'administration concernant l'exercice du 1er juillet 1911 au 30 juin 1912 [3], « la Banque pour entreprises électriques » avait fait, à 15 entreprises (italiennes, espagnoles, alsaciennes, russes...), 26 millions d'avances en compte courant; ses participations syndicales s'élevaient à 5 millions, les actions et les parts prises par elle dans d'autres sociétés à 99 ½ millions.

Une autre banque d'électricité, la « Société franco-suisse pour l'industrie électrique », avait engagé, en 1911, 4 millions dans les chemins de fer et tramways, 15,3 millions dans les forces motrices hydro-électriques, 11 millions dans la lumière, 4,9 millions dans l'électro-métallurgie, 6,3 millions dans des sociétés financières qui sont elles-mêmes des trusts de l'industrie électrique (« Société méridionale d'électricité » de Naples, « Société financière pour l'industrie au Mexique », « Société financière italo-suisse », « Société financière pour entreprises électriques aux Etats-Unis »). L'industrie électrique peut encore citer, comme sociétés de participation, l' « Union des tramways », le « Central électrique du Nord ».

Bien entendu, dans les autres industries se sont développées de pareilles institutions : sociétés pour l'exploitation des chemins de fer (v. g. la « Banque des chemins de fer » de Budapest, fondée par l' ancienne « Union générale », le « Zentralbank für Eisenbahnwerte » de Berlin, la « Banque des chemins de fer » de Francfort-sur-le-Mein); pour l'industrie métallurgique

1. *Guide-Annuaire financier 1913*, p. 426.
2. Cf. Kuhne, *Economiste français*, 9 novembre 1912.
3. Cf. Moniteur des intérêts matériels. *Supplément* du 8 septembre 1912.

v. g. le « Trust métallurgique belge-français »), l'industrie minière (omniums miniers, comme la société des « Cuivres et pyrites », la « Metallbank und Metallurgische Gesellschaft), en particulier pour les mines d'or (v. g. la « South African Gold Trust », la « Johannesburg Consalidated Investment Company Ltd »); pour l'industrie chimique, la « Société centrale de dynamite »; pour les entreprises de pétrole, pour l'industrie du bois [1]...

Holding Companies. Contrôle financier. Trusts.

Ces organisations sont, aux Etats-Unis, d'un usage tout particulièrement fréquent. Poursuivis par la législation et la jurisprudence dans leurs cartells, leurs institutions de trustees [2], les hommes d'affaires américains recourent au système des participations financières ; ils fondent de grandes sociétés, les « Holding Companies », qui acquerront la majorité des actions dans les principales firmes d'une industrie déterminée ou de plusieurs industries. Ainsi devenue maîtresse de la direction, la « Holding Company » pourra en « contrôler » la politique commerciale.

Avec l'audace du génie américain, ces « Holding Cies » ont pris un développement inouï : on comptait en 1906, aux Etats-Unis, 4.600 entreprises contrôlées. Certains de ces « contrôles » représentent une puissance capitaliste formidable ; ils ont, non seulement englobé de grosses banques, destinées à prendre les actions des établissements affiliés (banques de participation), mais ils ont créé des sociétés de crédit qui fournissent les ressources des nouvelles créations, et émettent dans le public leur propre capital social (banques pour financer : « Finanzierungsgesellschaften »). En Allemagne, ces organisations sont également très prospères.

L'industrie électrique allemande est dominée par 3 groupes [3] qui ont fondé des sociétés destinées uniquement à souscrire le capital des fabriques locales, des sociétés de vente, des filiales à l'étranger, et à émettre dans le public leurs propres actions et surtout obligations. Ces groupes s'entendent aussi par des cartells sur les prix et les conditions de vente, prennent en

1. L'année dernière, des industriels et des marchands de bois du gouvernement de Minsk constituaient une banque spéciale (au capital d'un million de roubles) destinée à développer des fabriques qui travailleraient elles-mêmes le bois brut actuellement travaillé à l'étranger.

2. Les cartells étant interdits, les Américains veulent mettre à profit l'institution des « trustees » déjà employée (dans les Trustcompanies) pour gérer la fortune de certains particuliers ; le trustee administre, mais ne possède pas. Dodd, dès 1881, en fait l'application à l'industrie du pétrole. Les actions des diverses entreprises étaient confiées à un « Board of Trustees » (avec Rockefeller pour président) contre des certificats. Cette organisation étant accusée de manœuvres déloyales, survient la loi contre les trusts ; les hommes d'affaires recourent alors aux « Holding Cies ».

Cf. Liefmann : Kartelle und Trusts.

3. Liefmann, *op. cit.*, p. 162.

commun de grandes sociétés étrangères. Ces groupes sont les « Felten-und Guillaume-Lahmeyer Werke », les « Siemens-Schuckert Werke », et surtout l' « Allgemeine Elektrizitätsgesellschaft », société formidable qui a fusionné avec beaucoup d'autres entreprises (v. g. l'Union Elektrizitätsgesellschaft), possède une douzaine de sous-sociétés en d'autres pays (v. g. la « Deutsche überseeische Elektrizitätsgesellschaft », qui possède surtout en Amérique du Sud un ensemble de sociétés d'un capital total d'environ 130 mil. s de M.), est en étroites relations avec le groupe « Löwe », très uni lui-même avec nombre de grandes usines de matériel de guerre (Krupp, groupe des fabriques de poudre et de dynamite).

Ces groupes ont des intérêts dans des industries de machines, d'automobiles, de produits chimiques, de caoutchouc, de câble, de cuivre, d'aluminium.

En Amérique, les Holding Cie sont encore plus considérables, et là, plus encore qu'en Allemagne [1], ce sont bien souvent les financiers qui ont donné, d'une manière décisive, dans leur création ; les 6 grandes maisons de New-York : Morgan, Rockefeller..., le plus souvent, ont réalisé ces énormes organisations, remanié les actions et obligations des sociétés fusionnées, si bien qu'on a pu dire : les bénéfices de Bourse sont l'excitant le plus fréquent et le plus actif à la constitution des trusts.

Par exemple, pour constituer le grand trust de l'acier (United States Steel Corporation), le banquier J.-P. Morgan, agissant au nom d'un syndicat financier, acquiert les deux tiers au moins de 4 entreprises (mines, chemins de fer, vaisseaux, docks), et forme le Federal Steel Cy (capital de 200 millions de dollars). En mars 1901, le « Federal Steel Cy » se coalise avec deux autres trusts dirigés ou formés par J.-P. Morgan : la « National Tube Cy » (trust de la tuyauterie de fer, de fonte et d'acier, au capital de 80 millions de dollars), l'American Steel and Wire Cy » (trust du fil de fer au capital de 90 millions de dollars), avec 4 autres trusts du groupe Moore : l' « American Tim-Plate Cy » (trust du fer-blanc au capital de 250 millions de francs qui, ayant le monopole de la matière première, la refuse aux concurrents), l' « American Steel Hoop Cy » (trust du feuillard et des lamelles, au capital de 265 millions de francs), l' « American Steel Sheet Cy » (trust des tôles, au capital de 260 millions de francs), la « National Steel Cy » (trust des billettes, au capital de 59 millions de dollars), contrôlée déjà par l' « American Tin-Plate Cy ». Unis dans leur lutte contre Carnegie (qui occupe 50.000 ouvriers), le groupe Moore et le groupe Morgan se font céder, après les négociations du banquier Morgan, les établissements Carnegie pour former le seul trust de l' « United States Steel Corporation », au capital de 4 ½ milliards de francs. Depuis 1901, le trust a encore absorbé 3 autres sociétés. Il a contrôlé [2] jusque 60 % de l'acier brut et ouvré. Avec 225.000 employés, il a fait un chiffre d'affaires de 31 milliards de francs (de 1901-1911), 500 millions de bénéfices, distribué 800 millions de salaires, fabriqué 14 millions de tonnes d'acier.

Le groupe Morgan contrôle encore 50.000 milles des meilleurs chemins de fer américains, les trusts du caoutchouc, de la navigation, beaucoup de

1. Chastin : Les trusts et les syndicats de producteurs, ch. IX, p. 225. *Le Monde économique* (1er févr. 1913) donne plusieurs exemples intéressants de fusion financière dans l'industrie des constructions navales en Angleterre.

2. Cf. *Grands marchés financiers*, Aubert : Marché américain.

grandes banques (entre autres le National Bank of commerce), et de sociétés fidéicommissaires (« Guaranty Trust », « Mercantile Trust »), qui se chargent de gérer les fortunes de leurs clients. Il a échoué dans le trust de l'Océan [1].

Le groupe du banquier Rockefeller, plus puissant encore, a fondé le « Standard Oil Cy [2] » (possédant une trentaine de compagnies, au capital de 100 millions de dollars et contrôlant 113 compagnies, dont quelques-unes belges, allemandes, anglaises, autrichiennes, au capital de 230 millions), il contrôle des affaires de cuivre [3], de zinc, de plomb, l' « American Tobacco Trust » (au capital de 119 millions de $ d'actions et de 105 millions d'obligations, contrôlant 75 % de la fabrication du tabac, 80 % de celle des cigarettes, 13 % des cigares, 90 % du tabac à priser) la plus grande partie de l'industrie électrique aux Etats-Unis, les Compagnies de gaz, de tramways, de métropolitain de New-York. Le groupe Rockefeller est maître de la plus plus grande banque américaine, la « National City Bank », et possède dans beaucoup d'autres une place considérable [4].

On peut difficilement s'imaginer les complications extrêmes d'intérêts auxquelles peuvent aboutir ces participations financières. Liefmann en donne un exemple typique pour l'industrie du pétrole où ce système économique a établi une domination sans égale.

Vers 1890, 2 groupes, le « Standard Oil Cy », et le groupe des producteurs russes (composé principalement des firmes Rothschild et Nobel), seuls concurrents sur le marché européen, se partagent, après une longue lutte, l'Europe Occidentale. Mais vers 1898, entrent en jeu les producteurs roumains, soutenus par la « Deutsche Bank », le « Wiener Bankverein », et plusieurs autres banques. En particulier, la « Steana Romana », le plus considérable des producteurs roumains (au capital de 40 millions de francs fournis par plusieurs banques hongroises, roumaines, belges, anglaises, filiales de la « Deutsche Bank » et du « Wiener Bankverein ») fonde, avec l'aide de la « Deutsche Bank » dans divers pays, des sociétés de vente : la « Petroleum Produktions gesellschaft », la « General Petroleum Cy » (qui s'entend avec la société pétrolifère « Niederländisch-indische Gesellschaft »). Entre également dans la combinaison le cartell des producteurs américains, dissidents du Standard Oil Cy : la « Pure Oil Cy ». Enfin, pour être plus libre, la Deutsche Bank fonde la « Deutsche Petroleum Gesellschaft », à qui elle cède toutes ses participations dans les diverses sociétés de pétrole énoncées plus haut.

---

1. Morgan avait obtenu pour ses bons offices 250 millions. Cf. de Rousiers, *op. cit.*, p. 253.

2. D'après Liefmann, le « Standard Oil » a des bénéfices supérieurs encore à ceux que feraient supposer ses dividendes (oscillant souvent entre 40 et 50 %).

3. En effet l' « Amagamated Copper Cy » (du groupe de la « Standard Oil Cy »), pendant la crise de 1907, est venue à bout de ses adversaires les grands spéculateurs du cuivre : Heintze, Thomas... Au dire de certains, c'est même elle qui a renforcé cette crise de 1907.

4. Rockefeller n'est plus à la tête de la « Standard Oil Cy ». Mais il y a laissé son argent.

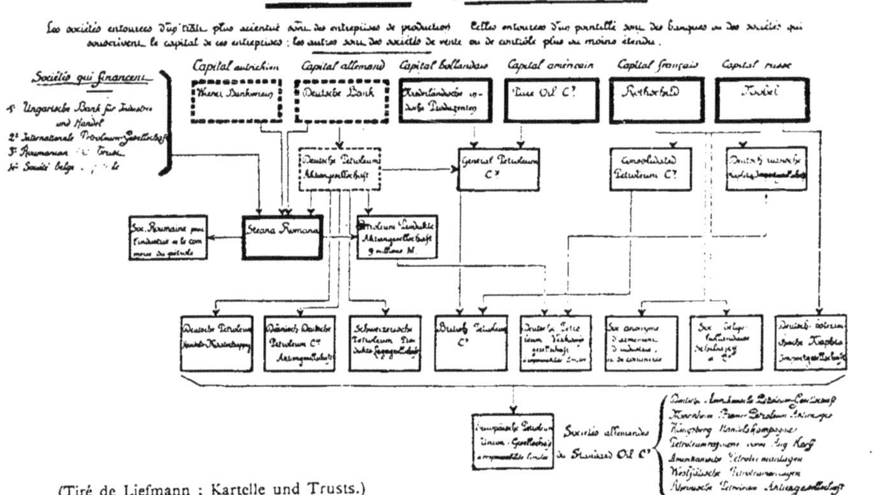

(Tiré de Liefmann : Kartelle und Trusts.)

Les producteurs russes (« Russische Verkaufsgesellschaft », « Deutsche russische Naphta-Importgesellschaft »), de leur côté, viennent s'unir aux producteurs roumains pour former contre la « Standard Oil Cy » la « Deutsche Petroleum Verkaufsgesellschaft ». En Angleterre également, la société de vente russe (la « Consolitaded Petroleum Cy ») se fond avec la société de vente des Allemands, des Hollandais, des Américains indépendants (la « General Petroleum Cy ») en une seule société, la « British Petroleum Cy » contre la société de vente de la « Standard Oil Cy » (la « Anglo-American Oil Cy »).

En 1906, la branche allemande et la branche anglaise se fondent en une « Europäische Petroleum Union » (au capital de 20 millions de M., et avec siège social à Brême) qui reprend le capital des diverses sociétés de vente et dont le capital propre reste entre les mains des intéressés qui se tiennent derrière elle (v. g. entre les mains de la « Deutsche Petroleum Aktiengesellschaft », filiale de la Deutsche Bank).

Ceci n'est qu'un schéma où n'entrent pas plusieurs sociétés de participations de financement, de contrôle, de vente ; par exemple, les entreprises du groupe « Discontogesellschaft Bleichröder », pour ne pas entrer en concurrence avec la « Deutsche Bank » et le « Standard Oil Cy », ont cherché des débouchés en France.

A plusieurs reprises, il est intervenu en Allemagne et en Angleterre des accords entre les deux groupements rivaux : la « Standard Oil Cy », et l' « Europäische Petroleum Union ».

Les « Holding Cies » ne sont pas nécessairement à tendance de monopole ; mais, arrivées à leur plein développement, indépendantes des producteurs de matières premières par leurs propres exploitations, au moins par des contrats à longue durée, supérieures à toute concurrence par leur force écrasante ou par des cartells, défiant les droits de douane par les procédés du « dumping » ou par leurs filiales à l'étranger, riches de capitaux énormes par le concours de banques affiliées ou de sociétés de crédit créées par eux, unis à de multiples entreprises par des participations financières ou des communautés d'intérêts..., ces exploitations gigantesques du capitalisme moderne constituent une puissance formidable, terriblement envahissante et menaçante pour les autres organismes du pays, souvent même débordant les frontières d'une nation. En 1900, aux Etats-Unis, 185 trusts à monopole représentaient un capital (émis) de 3 milliards de dollars ; en 1906, on en comptait 250 pour un capital de 7 milliards [1].

Avec cette organisation économique, quelques individus peuvent dominer des branches entières de l'industrie représentant une valeur bien supérieure à leur fortune personnelle. « Si l'on compare la production industrielle à une automobile en pleine course, disent MM. Georges Renard et A. Dulac [2], toutes les pièces commandant

1. Liefmann : Kartelle und Trusts, p. 117.
2. L'évolution industrielle et agricole depuis cent cinquante ans, p. 206.

la direction et la vitesse sont entre les mains d'une très petite minorité ; c'est là le fait indéniable et grave qui justifie l'expression de féodalité venue naturellement sous la plume des premiers observateurs de cette évolution ploutocratique. »

Les « captains of industry » américains, avec leur ambition intransigeante, ont mis dans un relief saisissant les conséquences extrêmes de la méthode. Il y a déjà dix ans, 5 personnes (MM. J. Rockefeller, E. Harriman, P. Morgan, W. Vanderbilt, G. Gould), possédant en bloc une fortune évaluée à 4 milliards de francs, exerçaient un pouvoir de contrôle sur un capital de 41 milliards dans les banques, les chemins de fer (dont ils contrôlaient, en 1907, 200.000 km. représentant un capital d'environ 13 billions de dollars) et les entreprises industrielles, où la totalité du capital engagé s'élève à 88 milliards. Ces groupes financiers sont dominés (sinon absorbés) par les 2 groupes principaux, celui de Morgan et celui de Rockefeller (unis dans la National City Bank, banque du groupe Rockefeller, où un fils Morgan est administrateur). En particulier, les 14 administrateurs de la « National City Bank » (la banque de Rockefeller) sont à la tête de 14 combinaisons représentant 38 % de la capitalisation de tous les trusts industriels aux Etats-Unis. Son conseil d'administration contrôle 23 compagnies de chemins de fer et, par leurs attaches, les 23 administrateurs de ces dernières compagnies gouvernent 350 autres banques, trust Companies, chemins de fer, et corporations industrielles d'un capital de plus de 12 milliards de dollars [1].

Qui peut assurer que ces « puissances » n'iront pas jusqu'au bout de leur force indiscutée pour rançonner le public ? Aussi naît, pour les gouvernements, un des problèmes les plus aigus de l'économie sociale : celui des monopoles.

---

1. Raffalovich : Marché financier 1906-7, p. 25.

CHAPITRE III

LES MONOPOLES PRIVÉS

SECTION PREMIÈRE

Les ententes et la liberté du commerce.

De par sa nature, le cartell vise à monopoliser la fabrication et la vente de tel produit ; c'est le seul moyen d'atteindre son but : assurer la stabilité des cours en fixant les prix et au besoin en limitant la production. Il importe donc souverainement aux fondateurs d'un cartell de gagner à leur dessein la grande majorité de leurs rivaux, et de diminuer toujours le nombre des dissidents, qui, par leurs sous-offres, peuvent compromettre toute possibilité d'entente ou amener la dissolution. Les fusions et les concentrations financières — à tendance de monopole — ont une politique encore plus radicale. Souvent il ne s'agira plus de proposer un accord loyal à un concurrent, mais tout simplement de l'éliminer et de l'écraser : C'est le « struggle for life ».

Guerre de tarifs, baisse de prix temporaire, contrats exclusifs avec les clients qui s'engagent à ne livrer qu'aux membres du cartell ou ne vendront aux dissidents qu'à des prix plus élevés [1], achat des terrains de mines (au besoin en fondant une caisse commune du cartell) pour empêcher tout agrandissement des rivaux : c'est la lutte à outrance ; des cartells et surtout des trusts sont même allés jusqu'aux moyens déloyaux. Ainsi en Amérique, plusieurs trusts avaient obtenu des tarifs de faveur de Compagnies de chemins de fer plus ou moins affiliées.

La Standard Oil Company a été condamnée à une amende de $ 55.000 pour avoir obtenu des réductions sur les tarifs de chemins de fer ; la « Pensylvania Railroad » a été condamnée à payer 126.722 dollars de dommages-intérêts à 5 Cies de charbon indépendantes, parce qu'elle avait réservé un traitement défavorable à ces Compagnies dans la distribution des wagons pour le transport des charbons.

D'après Geist [2], appuyées sur les ressources des banques, certaines firmes

1. *Economiste français*, 23 déc. 1911.

2. Cf. Geist : Konkurrenzkampf in der Elektrotechnik und das Geheimkartell. Ces contrats sont particulièrement nuisibles aux dissidents du cartell quand ils portent sur des matières premières.

ne reculent pas devant une concurrence déloyale. Telles firmes d'électricité, pour détruire leurs concurrents, non seulement consentent systématiquement des rabais énormes sur les prix de leurs rivaux, mais obtiennent des banques commanditaires qu'elles refusent leur concours à toute fusion des firmes rivales, qu'elles imposent à leurs clients de s'adresser à elles-mêmes. Elles s'asservissent les « installateurs » (qui fournissent les applications de la construction électrique) en leur faisant concurrence, en les chicanant quand ils vont à la maison d'en face. Elles vont même jusqu'à faire courir de mauvais bruits sur le crédit de leurs concurrents et à s'approprier leurs brevets dès qu'une insuffisance dans la description actée par l'Office des brevets donne matière à procès.

En vertu du « Sherman Act » (interprété, il est vrai, d'une manière plus ou moins stricte) des poursuites judiciaires ont été exercées aux Etats-Unis pour étranglement de la liberté du commerce contre plus de 40 trusts.

Pour lutter contre les fusions et les combinaisons, les entreprises isolées cherchent parfois un point d'appui dans le syndicat ou le cartell. Ainsi, afin d'échapper à l'encerclement du trust du pétrole : la « Standard Oil Cy », les firmes américaines dissidentes se sont groupées dans la « Pure Oil Cy », qui a passé des contrats avec les trusts rivaux de Russie et de Roumanie.

Une fois de plus nous voyons se renforcer cette organisation collective du commerce et de l'industrie, qui, depuis une vingtaine d'années, commence à révolutionner les méthodes et les procédés de la vie économique : formés les premiers, les cartells de matières premières (charbon, fontes, pétrole, alcool), par leurs exigences, ont contraint les fabricants de demi-produits et de produits ouvrés à s'unir, eux aussi, en des contre-cartells; d'où parfois la guerre avec toutes ces vicissitudes : défaite d'un des adversaires, ou simplement entente amiable pour des contrats de longue durée. C'est le sage parti qu'ont préféré en Allemagne fabricants de cravates et fabricants d'étoffes de cravates, Union des fabricants de lampes et de marchands en gros, et syndicat des verreries. Dans certains cas, les fabriques de demi-produits ou de produits finis trouvent plus économique de traiter eux-mêmes tous les stades de la production depuis les matières premières inclusivement; en un mot de recourir aux « combinaisons ».

Même processus dans les rapports entre producteurs et commerçants. Depuis que les syndicats de producteurs ont pris en main l'organisation de la vente, le rôle du commerce a considérablement perdu en importance. Jadis l'industriel, pour écouler ses stocks, passait par le négociant en gros, qui, assumant les risques du marché, gardait pour lui une bonne partie du bénéfice : il n'en est plus ainsi, sauf pour certaines marchandises, comme les métaux, soumises à des oscillations de cours très brusques. Aujourd'hui de plus en plus le grand fabricant fait ses achats directement au producteur ou recourt à un cartell. Seule la petite et la moyenne clientèle — encore nombreuse, d'ailleurs

— est restée fidèle au négociant. Bien plus, celui-ci se heurte maintenant à des cartells de vente qui lui fixent parfois des conditions très dures (pour le paiement, l'emballage, pour l'importance minima des commandes), lui imposent un prix de vente au consommateur (minimum ou maximum). Evidemment, les commerçants, surtout les commerçants en gros, en ont appelé à l'association contre ces exigences : d'où, encore une fois, contre-cartells, lutte, soumission du plus faible ou accord.

Les cartells, tout en ne s'occupant point directement des rapports avec les ouvriers, facilitent énormément les ententes patronales en cette matière. Ce groupement des employeurs d'une même industrie — au moins dans leur grande majorité — peut être, contre les travailleurs, une arme terrible de défensive — ou d'offensive. Quoi d'étonnant si les ouvriers — tout comme les producteurs — voient dans ces associations une raison impérieuse d'élever, eux aussi, ou d'affermir leurs syndicats, ces « cartells » qui, groupant la plus grosse partie des forces de travail, leur permettront d'en exiger un meilleur prix [1]. En fait, lorsqu'ils sont appuyés sur des syndicats vigoureux, les ouvriers semblent faire bon ménage avec les associations d'employeurs. Cartells et syndicats ouvriers se sont parfois assuré une aide réciproque. Cet accord exclusif a été accepté en Allemagne par des professions entières : imprimerie, battage de l'or et de l'argent, coutellerie de Remscheid et de Solingen ; même phénomène en Angleterre pour l'industrie des bois de lit, la fabrication des bouteilles, la poterie. En ce cas, le syndicat ne travaille que pour les membres du cartell, le cartell n'employant que des ouvriers syndiqués.

Bien plus, dans les établissements allemands de gravure, le syndicat ouvrier a aidé à la constitution d'un cartell. C'est qu'en effet, le cartell, assuré lui-même d'une plus grande régularité et d'une plus grande fermeté des cours, peut accorder aux ouvriers des salaires plus élevés et plus stables ; d'ailleurs, ayant un monopole de fait, le cartell espère rejeter sur sa clientèle le fardeau de ses dépenses supplémentaires.

Ainsi la commotion se propage à travers les différentes couches de l'organisation économique. Qui sera le dernier à en supporter le choc ?

1. Les ouvriers ont essayé de calquer leurs syndicats professionnels sur les ententes des employeurs. En 1903, rapporte M. Passama (Formes nouvelles de concentration industrielle, p. 340), s'est formée la « Metal Trades Federation » étendue comme la « U. S. Steel corporation » à toute la sidérurgie des Etats-Unis. Elle comprend 8 unions nationales et 48 groupes divers de la branche industrielle. M. de Rousiers voit d'assez bon œil ces organisations géantes : « Il sera toujours plus facile à des ouvriers organisés de s'entendre avec des patrons organisés qu'avec des patrons isolés. »

En France, M. Keufer a demandé au Conseil supérieur du travail (Session 1909) une réforme de la loi de 1884 dans ce sens. Les associations syndicales pourraient se former entre tous les individus travaillant dans la même firme industrielle ou commerciale.

Les fabricants de produits plus complexes, pour qui le bureau de vente commun est souvent irréalisable, reprochent aux cartells de matières premières et de demi-produits leurs conditions draconiennes. Les plus puissants d'entre eux créent des usines combinées, en fabriquant pour eux-mêmes les produits qui leur sont nécessaires [1]. D'autres cherchent le salut dans une spécialisation plus intense.

Mais n'est-il pas fort à craindre que le véritable sacrifié, ce soit le consommateur ? Au temps de la libre concurrence pure et simple, les producteurs ou les commerçants se disputaient le client. Celui-ci assistait à la lutte, bénévole et joyeux : il avait bien des chances de gagner à cette rivalité des offres plus avantageuses et des rabais. De nos jours, producteurs et commerçants font la paix... au compte de l'acheteur, peut-être. S'ils s'unissent, pourquoi une surenchère de bonnes conditions ? les prix seront les mêmes chez tous les marchands : ne sera-ce pas au client de solder les frais de la réconciliation ? La masse des consommateurs a tant de peine à se concentrer pour créer des organes de défense [2] ou des coopératives ! Aussi, dit Liefmann, « la lutte des diverses organisations de producteurs avec les consommateurs définitifs, la protection de ces derniers par l'ensemble de la politique économique : voilà de plus en plus le problème central de l'avenir, par suite du développement des cartells et des trusts [3] ».

SECTION DEUXIÈME

Le fait des monopoles.

A l'heure actuelle, il n'est guère de marché important où un cartell, un groupe de producteurs, une « Holding Cy » n'ait conquis une influence sérieuse, parfois un « contrôle absolu ». Liefmann va jusqu'à dire : « Aujourd'hui, la libre concurrence est en fait, pour ainsi dire, éliminée de branches considérables de la vie économique. »

1. Certaines usines, une fois combinées, sont les premières à empêcher tout cartell, qui sauverait la vie des exploitations plus modestes.

2. En 1910 s'est fondée à Paris une « Ligue nationale de consommateurs » pour défendre leurs droits vis-à-vis du producteur et du consommateur (cf. *Année sociale internationale 1912*, p. 53). A Epinal, en février 1913, pour protester contre les exigences de la « Société des usines à gaz du Nord et de l'Est », 450 consommateurs prenaient l'engagement de « faire la grève la plus complète du gaz et de l'électricité ».

3. Liefmann : Kartelle und Trusts, p. 37.

Le chapitre sur les cartells, les comptoirs, les concentrations, a fourni de nombreux exemples. Les notes suivantes les résument et les complètent.

Matières premières et demi-produits : c'est dans cette partie de l'industrie que le monopole a fait les plus grands progrès. Le pétrole est sous le contrôle de la « Standard Oil Cy » et de l' « Europäische Petroleum Union ». En France, la raffinerie de pétrole est complètement contrôlée.

Des ententes très solides : cartells, trusts, fusions, se sont établies sur le marché du charbon, du fer, de la fonte, de l'acier. De plus en plus, fusionnent compagnies minières et sociétés métallurgiques.

Dans chacune des grandes nations productrices se sont organisées des ententes minières entre producteurs : trust américain du charbon, bureau de vente des charbonnages de Douai (les prix sont uniformisés par zone) ; une société anonyme belge contrôle plus des 3/4 de la production nationale. Les usines du syndicat rhénan-westphalien ont produit, en 1911, 86,9 millions de tonnes sur une production totale de 160 millions en Allemagne. Le syndicat des houilles (Kohlensyndicat), d'un rayonnement encore plus étendu, contrôle 92 % de la production totale. D'après certains faits, la « Vie ouvrière » croit pouvoir affirmer, qu'en réalité, il n'y a pas de concurrence réelle entre les charbonnages français, belges et allemands [1].

Il suffit de rappeler la « Steel Corporation », le syndicat allemand de l'acier, les « comptoirs » de la métallurgie. Un comptoir d'entente internationale s'occupe, d'une part, des poutrelles et des fers en U (adhérents : Allemagne, Belgique, France), d'autre part, des rails (adhérents : producteurs anglais, allemands, belges, américains, français). Une entente internationale (entre fabricants allemands, belges, français) traite les aciers demi-manufacturés.

A Bruxelles se réunissait, le 6 juillet 1911, 120 délégués d'Europe et d'Amérique, représentant une production de 30 millions de tonnes d'acier. M. Elbridge Gary, président de l' « Iron and Steel Institute » américain, leur proposa une « entente internationale » pour réglementer la question. Un comité de 9 membres fut nommé pour élaborer un projet.

En Allemagne, le syndicat des ressorts d'acier, le cartell des fabricants de locomotives du Nord, celui des fabricants de wagons du Nord, contrôle, avec le syndicat de l'acier, une partie de la construction métallique. Le trust métallurgique belge-français (au capital de 11 millions) a des participations dans les ateliers du Nord de la France, la société brugeoise, la Lorraine Dietrich, les constructions de locomotives de Blanc-Misseron et 4 autres usines.

Pour les métaux, il suffit de rappeler le syndicat du zinc (qui, en 1911, a voulu pousser les cours), l'entente des producteurs d'aluminium, la puissance des Rothschild sur le marché du nickel, le trust du fer-blanc (qui donne à l'étain son principal débouché) ; une douzaine de grands groupements (Amalgamated, American Smetling, Calumet et Hecla...) contrôlent [2] le marché du cuivre.

1. Merrheim, 20 février 1912.

2. D'après Raffalovich (*Journal des Economistes*, janvier 1912, p. 129), les principaux producteurs du cuivre travaillaient depuis avril 1911, sous le régime d'une réduction de 10 %.

Il s'est constitué, en Amérique, un « roi » du bois [1], sans compter plusieurs cartells. Dans plusieurs pays, le granit, le marbre, la chaux, le ciment, les produits réfractaires, les briques, sont fortement contrôlés.

L'industrie du coton tire sa matière première des Etats-Unis pour une part prépondérante. Or il existe une double organisation de professionnels dans le but de réglementer les prix [2], l'Union des fermiers (500.000 planteurs) qui veut maintenir, en année moyenne, le prix de 1 fr. 20 le kg., et l' « Association cotonnière du Sud » qui réclame 1 fr. 65. Plus récemment encore, un certain nombre de banquiers de New-York s'entendaient pour retenir le coton récolté et provoquer ainsi une hausse des cours. Les planteurs recevraient un prêt de 25 dollars par balle de coton qui devrait être vendue au cours de 13 cents. Chacun des banquiers serait prêt à fournir 50 millions de dollars.

Pour résister à cette tutelle, un trust se serait constitué à Londres.

La « Fédération de Manchester », qui contrôle dans le monde entier la production de la grande majorité des broches, cherche, sans grand succès il est vrai, à réglementer et à organiser la production internationale des filatures fédérées (v. g. au Congrès cotonnier de Barcelone, mai 1911), et à imposer le Short time.

Le marché du soufre ressent très vivement la puissance du consortium obligatoire des producteurs siciliens et de l'américaine « Union Sulphur Cy ».

L'action de la « Dunlop Rubber Cy » sur le marché du caoutchouc, sera sans doute renforcée par sa fusion projetée avec la « Dunlop Pneumatic Tyre Cy ».

Le marché des produits chimiques, surtout en Allemagne, centre principal de cette industrie, est très fortement contrôlé. (V. g. depuis 1910, une loi d'Empire a rendu le cartell des sels de potasse obligatoire). De même le marché de l'alcool [3], de la cellulose [4]. L'Amérique a possédé, jusqu'à leur dissolution judiciaire, le trust du sel, de la térébenthine (dans la Georgia), l'Association nationale des droguistes au détail (dans l'Indiana), le trust des engrais du Sud (31 compagnies), le trust de la poudre (qui, contrôlant semble-t-il 64 sociétés, contrôlait la poudre de chasse pour 73 %, la dynamite pour 72 %, la poudre militaire sans fumée pour 100 %, la poudre d'ordonnance, pour 100 %), le trust des vitres. En France, inutile de rappeler l'influence de Saint-Gobain sur le marché des engrais, la force de la « Société centrale de dynamite ». Le trust belge des allumettes est au capital de 10 millions. Le syndicat international d'acide carbonique groupe des producteurs allemands, belges, luxembourgeois. Le syndicat international des glaceries comprend 17 sociétés de France, Hollande, Allemagne et Belgique. Rappelons les cartells du cuir, du papier, du salpêtre...

Transports. — Dans l'industrie des transports qui, par sa nature même, nécessite une forte concentration, cartells, fusions, holding Cies, ont joué un grand rôle.

---

1. D'après Liefmann, ce « roi » du bois serait le personnage le plus riche des Etats-Unis.
2. *Monde économique*, 1er juillet 1911 et 2 décembre 1911.
3. Cf. Souchon, cartells de l'agriculture.
4. *Journal des Economistes*, octobre 1911, George Nestler Tricoche, « fonctionnement de l'Antitrust Law aux Etats-Unis ».

Aux Etats-Unis, le groupe Harriman [1] possesseur de l' « Union Pacific » (qui, avec les sociétés affiliées, exploite 11.500 kilomètres de chemin de fer), avait fait acheter par une filiale « l'Oregon Short Line » 37, puis 46 % des actions de la « Southern Pacific » (qui, avec les sociétés affilées, exploite 16.400 kilomètres). Par ailleurs, la « Northern Securities Cy » se compose des deux réseaux transcontinentaux : le « Great Northern » et le « Northern Pacific ». Ces deux groupements ont été atteints par la loi antitrust.

Le « Canadian Pacific Railway » [2] (exploitation de plus de 11.000 milles) a de plus affermé d'autres lignes, s'est intéressé à d'autres compagnies (dont il possède jusque 50 % du capital-actions). Il a construit 16 hôtels pour voyageurs, irrigué 3 millions d'acres, construit des fermes, spéculé sur les terrains. Il fabrique des locomotives, des wagons, possède une flotte de 65 navires (lignes du Canada au Japon et en Europe).

Des banques et sociétés financières de participation [3] exploitent des Cies d'électricité, possèdent, construisent des tramways dans tous les pays du monde. A Londres [4], l' « Underground Electric Railways Cy » (portant sur un capital global de 40 à 50 millions de liv. st.) vise à posséder ou contrôler l'administration et l'exploitation des communications entre les différents quartiers et la grande banlieue de la capitale. Maître du « District Railway », de la « London General Omnibus Cy », en partie des « tubes » souterrains de deux ou trois lignes de tramway, le trust ne trouve plus de résistance que dans le « Metropolitan Railway » et le « London County Council ».

Dans les transports maritimes également, les armateurs ont essayé de combattre, par des ententes, la concurrence acharnée que se faisaient paquebots et cargo-boats [5].

En 1909, la commission anglaise des « Shipping Rings » énumère, sans prétendre les épuiser, 75 ententes de transports maritimes. Le banquier Morgan, en 1901, organise le trust de l'Océan (au capital de 850 millions), par l'absorption des grandes Cies anglaises : « White star Line », « Red star Line », « International Line ». Morgan, de plus, conclut un accord avec l' « Hamburg America », le « Norddeutscher Lloyd », qui avaient résisté à cette fusion. Vu sa supercapitalisation (en août 1911, le capital du trust était coté 225 millions à la bourse de New-York), le trust n'a pas distribué de dividende, depuis 1902, au stock 6 % : n'ayant pas pu réaliser le monopole de la navigation entre l'Europe et l'Amérique septentrionale, le trust ne pouvait réduire l'exploitation.

L'*Economiste français*, en 1911, annonçait la formation d'un trust plus important que « l'International Mercantile Marine Cy » de Pierpont Morgan : l' « Union Castle Mail Steamship Cy » serait rachetée par un groupe composé de la « Royal Mail Steam Packet Cy » et la société « Elder Dempster and C° Ld ». On parle aussi d'un accord entre la « Cunard Line » et l' « Anchor Line ». Chacune des deux sociétés donnerait place dans son Conseil d'administration à quelques administrateurs de l'autre.

1. *Economiste français*, 21 décembre 1912, Pierre Leroy-Beaulieu. Les pouvoirs publics, les trusts et les chemins de fer.
2. *Monde économique*, février 1913, « le Canada ».
3. Cf. Plus haut, « Banques d'affaires ».
4. Cf. *Economiste français*, 30 novembre 1912. Lettre d'Angleterre.
5. Cf. de Rousiers, Syndicats de producteurs.

Les *industries spécialisées*, bien qu'offrant moins de facilité aux ententes de producteurs, n'y échappent point non plus. L'industrie électrique est à la fois une des plus spécialisées et des plus fortement contrôlées (surtout en Allemagne où elle atteint le plus haut point de perfection : v. g. Allgemeine Elektrizitätsgesellschaft...) On peut encore citer le cartell suisse de l'horlogerie, le cartell bulgare de l'essence de rose. Dans le textile, on a tenté quelques cartells, sans grand succès ; on n'y trouve guère que des comptoirs de vente, bureaux collectifs sans monopole.

Pour les produits alimentaires, ont vécu aux Etats-Unis — jusqu'aux dernières poursuites en dissolution — le trust du bœuf, de la viande [1] (à Hawaï, dans l'Arizona), de la volaille, la Cie dite des œufs et du beurre (à Chicago), le trust des épiceries (dans l'Alaska), l'association des épiciers en gros du Sud..., le trust du sucre (comprenant 30 compagnies au capital total de 230 millions de dollars), le trust du whisky. Jusqu'à la conférence de Bruxelles, les cartells du sucre ont réglementé en Autriche et en Allemagne la production des raffineurs, par suite celle des fabricants de sucre et indirectement la culture de la betterave [2]. L'Allemagne a connu aussi les cartells de l'alcool et des tentatives de cartells pour la viande de boucherie. En France, la raffinerie du sucre a été très longtemps le monopole de quatre maisons.

Même un produit de consommation très locale, comme le lait, peut donner lieu à des ententes puissantes. A Berlin, deux grandes organisations se disputent le marché du lait : la laiterie Bolle (qui a vendu en un an 44 millions de litres à 0 fr. 27 le litre pris au magasin) et la « Milch Centrale » coopérative de paysans (qui, en 1902, faisait circuler 600 voitures et avait 60 magasins de vente). A Hambourg, une laiterie centrale (comprenant 2.800 fournisseurs) a vendu 63 millions de litres en 1909-1910 et transformé 13 millions en fromage, beurre... A Paris, la Société générale de laiterie (au capital de 9.947.500 fr.) tire un loyer annuel de 352.000 fr. des établissements et dépôts de laiterie qu'elle a affermés à la société des fermiers réunis. Un syndicat [3] a, dans les environs de Paris, 170 centres de ramassage et vend 475.000 litres (51 % de la vente totale) : deux autres sociétés laitières vendent directement leurs produits dans 52 boutiques (21,5 % de la vente totale).

La Suisse a ses cartells du lait, du chocolat, de la brasserie.

L'audacieuse initiative des Américains a inventé le trust des baignoires, des chaussures, le trust des fournitures scolaires de l'Illinois, le « magazine trust » (embrassant quelques-unes des plus grandes maisons de librairie)...

Ces notes très incomplètes donnent tout au moins une impression de la puissance des ententes commerciales et surtout des trusts. D'après les statistiques du « Moody's Manual » de 1906, dans ces dernières années, 400 tramways, environ 900 compagnies de gaz et d'électricité, 1.100 entreprises de chemins de fer, 100 sociétés des eaux, 150 de téléphones et télégraphes, 150 de mines et de pétroles, plus de 1.600 entreprises industrielles, en tout plus de 4.600 sociétés ont été, en Amérique, absorbées par d'autres sociétés

1. Les appareils frigorifiques, les abattoirs régionaux, en permettant une plus grande concentration du commerce de la viande, pourraient intensifier l'action des ententes commerciales sur ce point.

2. Cf. Souchon, Cartells de l'agriculture.

3. Cf. Lucas, L'approvisionnement en lait de Paris. *Musée social*, janv. 1913.

et soumises à leur contrôle. En 1907, 250 trusts à monopole (sans compter les « Holding Cies ») représentaient un capital de 7 milliards $ au pair. Ces dernières années, les Américains craignaient un trust encore plus formidable : celui de l'argent, c'est-à-dire le trust des banques, et dans leurs projets de reconstitution bancaire après la crise de 1907, c'était un des grands cauchemars des réformateurs.

SECTION TROISIÈME

Concentration et prix des marchandises

De tous ces chiffres, il serait très exagéré de conclure à une monopolisation abusive, criminelle, du haut commerce et de la grande industrie. Au seul mot de cartells et de trusts, certains journaux crient à l'accaparement, à la spéculation ; ils citent les oscillations de bourse, et ils en rendent responsables les concentrations industrielles et commerciales.

A consulter quelque temps les cotes de certaines marchandises, on voit sans doute des fluctuations anormales.

Le café qui, en mai 1906, valait au Havre 45 fr., valait 125 fr. en 1907, 95 fr. et moins en juin suivant [1].

Le cuivre est périodiquement (1860, 1887, 1893, 1907) l'objet de spéculations. En 1887, l'affaire Secrétan fait augmenter en un mois le cuivre de 50 %. Après 18 mois, le syndicat du cuivre se dissout avec des pertes énormes (les actions valent successivement 400 fr., 1.200 fr., 220 fr., et celles du Comptoir d'Escompte, qui soutenait le syndicat, 1.057 fr., 262 fr.). Il faut 4 ans pour déblayer le terrain. En 1906, les cours varient de 92 sh. 7/16 à 63 1/8 ; en 1907, de 109 1/16 à 61 3/4 [2].

« Pour le coton, dit un spécialiste, les fluctuations des cours sont dues à la spéculation américaine. La spéculation a pris sur cette matière un développement inouï, qui défraie jusqu'aux journaux quotidiens. Les fluctuations se produisent sous le prétexte le plus futile et sous l'influence d'informations plus ou moins contrôlées. » Leurs amplitudes sont parfois énormes, v. g. au Havre. Voici les prix moyens du coton « fully middling » par 50 kilogr. :

Février 1903, 60 ; juin, 90 ; juillet, 80 ; août, 90 ; les mois suivants, 93, 75, 76, 90, 50, 102, 55, 95, 103, 95, 100, 71.

En 1911, dit-on, des banquiers américains se sont entendus pour faire hausser encore les cours, en faisant des avances aux planteurs. Chacun des banquiers serait prêt à fournir 50 millions de dollars [3].

---

1. *Réforme économique*, 9 mai 1913, p. 607.

2. Cf. Raffalovich, *Journal des Economistes*, janvier 1912, p. 129 : le cuivre ; E. Payen, *Economiste français*, 20 juillet 1912 : les métaux dans les 10 dernières années.

3. Le *Monde économique*, 1er juillet 1911, calcule que le taux de 1 fr. le

Au marché à terme de Roubaix, en 1900, la spéculation a certainement accentué le mouvement de baisse (inévitable sans doute; mais, en fait, en quelques jours, les cours se sont effondrés de 30 %).

Au marché de Paris, les sucres étaient cotés 30 et 32 fr. en 1909. En janvier 1910, ils étaient cotés 37 fr. 02; en mars, 40 fr. 76; en avril, 41 fr. 97; en août, 46 fr. 72. Sans doute, la récolte était déficitaire; mais il y avait aussi le Brésilien Santa-Maria qui, dès le début de la campagne, avait acheté entre 31 fr. et 32 fr. deux millions de sacs de sucre.

L'alcool, en 1909, est coté sur le marché de Paris : 34 fr.; en mai 1909 42 fr. 50; en août 1910, 71 fr. 50, pour retomber le 3 septembre à 46 fr. 50.

Courant avril 1912, les cours du blé à la Bourse de Paris se sont élevés lentement. Au 29 avril, ils étaient à 31 fr., le lendemain à 33 fr. 25, et même sans la bonne volonté du courtier qui représentait les intérêts des haussiers, le cours, d'après le règlement du syndicat général des grains et farines strictement appliqué, devait être de 34 fr. 50[1].

M. E. Payen (*Economiste français*, 9 novembre 1912) souhaite que le marché du caoutchouc présente moins d'amples fluctuations que par le passé, et se stabilise aux environs des cours raisonnables : producteurs et consommateurs ne peuvent qu'y gagner. » Or le Para du Brésil était coté, au début de 1908, 2 sh. 9 p. la livre; au milieu de 1910, 12 sh. 6, après une baisse dans le 2e trimestre de 1910 suivie d'une hausse, il était coté en 1911 5 sh. en moyenne.

Ces bouleversements, c'est bien sûr, causent des ruines profondes dans la masse des patrons honnêtes et de leurs ouvriers. Car les cours de la Bourse commandent les relations commerciales du monde entier. Mais si, à certaines époques, les prix des marchandises s'enflent de cette manière démesurée, hors de proportion avec les lois de l'offre et de la demande, en général ce n'est pas le fait d'une concentration véritable. C'est un groupe de spéculateurs : corner, ring...[2], une maison de négoce, une fabrique (distillerie, minoterie, raffinerie, peignage,

kilogramme de coton laisserait aux planteurs un bénéfice convenable. Comme leurs syndicats réclament 1 fr. 20 et même 1 fr. 65, et que l'ancien monde consomme les 2/3 des 13 millions de balles (production moyenne des Etats-Unis), c'est un bénéfice supplémentaire de plus d'un milliard qui, tous les ans, est soutiré par les Etats-Unis à l'Europe (ce qui fait environ 100 millions pour la part de la France). L'avenir est encore plus sombre, parce que les Etats-Unis développant toujours plus leur industrie cotonnière, vendront de moins en moins de matière première.

1. Cf. Exposé des motifs de la proposition de loi Godart et Besnard. Chambre des députés, session 1913, annexe au procès-verbal de la séance du 9 mai. D'après son règlement, la Bourse des grains a l'habitude de s'ériger en chambre d'arbitrage entre les personnes ayant fait des transactions sur son marché et d'appliquer une peine forfaitaire (de 10 % du cours de l'avant-dernier jour, plus 40 centimes), à celles de ces personnes qui ne livrent pas en fin de mois. La pénalité était ajoutée au cours du dernier jour du mois.

2. Ces corners ne sont pas une invention des temps modernes; déjà au moyen âge, Nuremberg, Cologne, Augsbourg les connaissaient et avaient essayé des lois répressives.

docks d'épicerie...), qui tentent une razzia en bourse, appuyés sur une banque, une société de crédit... (seule capable de procurer les sommes nécessaires à l'entreprise : crédits pour lever les marchandises, pour faire reporter le marché); ils veulent accaparer pour quelques jours, quelques semaines les stocks disponibles (par exemple au moment des liquidations, pour étrangler ceux qui auraient vendu sans avoir les marchandises : à découvert), ou créer des stocks fictifs pour des ventes à découvert et produire la baisse par ces suroffres. Mais c'est juste le temps d'opérer une manœuvre, de faire le coup... et de disparaître. C'est essentiellement une organisation temporaire, éphémère.

Le Comptoir, le Cartell, la « Holding Cy » sont des associations beaucoup plus stables, qui, même en général, se proposent la fixité des cours, par l'adaptation de l'offre à la demande.

Aussi les économistes vont jusqu'à considérer la concentration du commerce et de l'industrie comme le moyen le plus efficace de supprimer la spéculation de Bourse. « Dans une société à production et à commerce morcelés, dit M. Lescure, la Bourse est indispensable pour centraliser les renseignements relatifs à l'offre et à la demande, et pour fixer d'après eux les cours des produits [1]. » Par le système très complexe du marché à terme, l'intermédiaire tend à organiser ce que le producteur a laissé inorganisé; mais par l'entente commerciale : cartell, syndicat, coopérative de blé (Kornhäuser), de meunerie... le producteur reprend, en dehors de l'intermédiaire, la réglementation de l'offre et de la demande. Appuyé sur les avances des banques ou des sociétés de crédit mutuel, le bureau de vente n'est plus à la merci de l'acheteur; les années de surabondance, il peut attendre la disette. « Un cartell puissant nous apparaît, dit M. Lescure, comme un régulateur mieux

1. Cf. Lescure. Marché à terme en Allemagne.

Incapable de vivre longtemps sur ses réserves, le petit producteur agricole ou industriel vend immédiatement au courtier ou au négociant du marché régional. Dans les Bourses de province et surtout dans les Bourses des capitales commerciales, courtiers et commissionnaires adaptent les ressources et les besoins régionaux et nationaux aux nécessités de la concurrence mondiale. Par les renseignements des professionnels, mais surtout par les cours du marché à terme, l'homme de Bourse est mis au courant des divers facteurs qui influent sur la valeur des produits; suivant les tendances à la hausse ou à la baisse que lui indique la cote, il modifie son offre et sa demande et s'efforce de régulariser le mouvement des marchandises entre vendeurs et acheteurs. Fixant les prix pour une longue période, il supprime par le marché à terme bien des aléas de l'industrie, car, dès le début de sa fabrication, l'industriel assure son bénéfice en vendant à terme sa production future. Dans l'intervalle, les cours peuvent varier; à l'échéance, l'industriel est sûr de gagner, soit par sa première opération, soit par une contre-opération. L'homme de Bourse cherche donc à régler cette demande et, sans lui, comme aux époques où la Bourse n'existait pas, un même pays passerait par des secousses épuisantes de disette et de surabondance. Il cherche ainsi à organiser ce qui est inorganisé.

Il importe donc souverainement qu'il soit compétent et honnête.

informé et plus efficace que le cours d'une Bourse... Le cartell peut exercer une action compensatrice non pour 2 ans, comme le terme, mais pour 3 ou 4 ans. » En fait, conclut le même auteur, le trust et le cartell ont éliminé, v. g. en Allemagne, la spéculation de Bourse sur le marché du pétrole, du sucre, de l'alcool.

Il n'en est pas moins vrai que le client, le consommateur, n'a plus pour ses achats le choix entre plusieurs concurrents; il ne peut s'adresser qu'à un seul fournisseur ou à un bloc de fournisseurs liés par une discipline très stricte. L'offre se resserre encore, lorsque le marché national est défendu par une muraille très élevée de taxes douanières. On est loin du juste prix, déterminé d'après le bien général et par l'estimation commune de nombreux acheteurs et vendeurs [1]. Le monopole peut respecter ce juste prix ; le fera-t-il quand il peut — dans une certaine limite — fixer les prix à son gré ? Les clients ne semblent pas de cet avis.

Par exemple un mémoire remis par les représentants des Compagnies de chemins de fer privées russes, au président de la commission supérieure d'enquête sur les chemins de fer, prétend que des syndicats contrôlent absolument le marché des locomotives, du charbon, des ciments. Les Compagnies de chemins de fer, qui n'ont pas le droit d'acquérir des matériaux à l'étranger, ne peuvent échapper à cette tutelle. Les prix des matériaux montent systématiquement (parfois au-dessus du coût des articles étrangers, grevés cependant de droits de douane), malgré leur qualité inférieure. Les délais de livraison ne sont pas observés (les syndicats refusent d'intercaler dans les contrats des clauses de dédit ou d'indemnités).

Si les faits sont exacts, les syndicats ont certainement abusé d'un monopole que d'ailleurs le gouvernement semble leur avoir assuré en imposant aux chemins de fer un régime de commandes tout à fait exclusif.

Mais dans la très grande majorité des cas, comment prouver que les cours d'un cartell sont abusifs, exploiteurs ? Il est si difficile de déterminer le « juste prix » dans la complexité d'une situation économique et de la vie chère. Tout au moins, serait-il ridicule d'exiger que les prix d'exportation servent également de norme à l'intérieur. Certainement les ententes entre producteurs ont l'habitude, par des primes parfois considérables [2], d'encourager des prix d'exportation très bas « dumping »; mais seule cette politique permet de dégager le marché national, et, en raréfiant l'offre des industriels, de maintenir les cours. Sans cette mesure, ce serait une dépression des prix, à l'avantage momentané des clients, soit ; mais pour la ruine de nombreuses firmes et le chômage des ouvriers.

---

1. Desbuquois. Le juste prix, *Action populaire*, Reims.
2. *Vie ouvrière*, Merrheim, conférence internationale de l'acier, 5 août 1911 : par exemple en 1905, les billettes étaient vendues 91 fr. 50 en Allemagne et 72 fr. rendues à Anvers. Dans ce cas, le producteur reçoit du syndicat une prime (22 fr. 50 par tonne exportée en 1907).

La stabilité des prix pourrait donc être une première conséquence des ententes et des concentrations, avantage énorme qui permet à l'industriel de mieux calculer le prix de revient, et de s'assurer contre les aléas redoutables de la dépréciation de ses approvisionnements en matières premières et de ses stocks de produits finis. Dans le régime de la libre concurrence, le producteur qui, au temps de crise, a dû consentir des rabais, cherche à se rattraper dans les hautes conjonctures par des relèvements de prix énormes, ce qui amène très souvent la surproduction... et une nouvelle dépression. Les cartells, au contraire, pouvant, dans les périodes de stagnation, réduire la production, et, en diminuant l'offre, éviter les baisses de prix, n'a plus un égal besoin d'exploiter les temps de prospérité, d'où une stabilité beaucoup plus grande.

En fait, les cartells fortement disciplinés ont atteint ce but[1]. Le « Kohlensyndicat », depuis sa fondation (1893), a assuré à l'industrie minière ce résultat considérable; c'est ce dont témoignent les prix moyens du charbon gras à la Bourse d'Essen. Depuis 1882 à 1893 ces prix ont été, 5 marks 48; 5,77; 5,88; 5,22; 5,63; 5,60; 5,62; 6,04; 8,48; 10,72; 9,86; 8,50; 7,30. Depuis 1894 : 7,50; 7,50; 8,30; 8,60; 8,60; 9,10; 10,10; 10,10; 9; 9; 9; 9,30; 10; 11; 11 à 11,50; 10,50 à 11. C'est une progression constante, malgré les fortes crises de ces dernières années.

Tous les produits ne sont pas susceptibles d'une pareille organisation, et n'ont pas réalisé une pareille stabilité. Cependant, depuis 1900, plusieurs ont fait de grands progrès. Aussi lors de la crise de 1901, seul le Kohlensyndicat avait pu maintenir ses prix. A la crise de 1908, le cartell de l'acier put, lui aussi, maintenir ses prix; les cartells du ciment (qui avaient dû se dissoudre en 1900-1901) ont peu baissé leurs prix, et plusieurs fabriques ont distribué les dividendes des meilleures années : même dans de petites industries (comme celle des glaces à miroir), les cartells ont survécu à la crise.

Fabricants et marchands se plaignent de cette fermeté des cours aux époques de dépression; en particulier, en Allemagne, ils reprochent aux cartells de matières premières d'avoir contraint leurs clients à des contrats de longue durée à des conditions onéreuses. En fait, en 1899, lorsque la situation très brillante promettait de durer encore plusieurs années, fabricants et marchands avaient augmenté les prix plus lourdement encore que les cartells de matières premières. Ceux-ci ont eu recours aux contrats susdits, acceptés, d'ailleurs et parfois imposés par leurs clients mêmes. Sans doute ces derniers ont perdu, vu le changement de la situation économique; mais les cartells eux aussi pouvaient être atteints par ce revirement de la conjoncture.

Le point capital, ce n'est pas que la concurrence étrangère obtienne, par le « dumping », une matière première très avantageuse, et qu'ainsi

1. Cf. Liefman. Kartelle und Trusts, p. 40. La fixité des prix a eu de très heureux effets sur les cours des valeurs industrielles. Habituellement la Bourse salue la conclusion d'un cartell par une hausse des actions intéressées. C'est en grande partie à cause de la plus grande sécurité de ces valeurs, p. 41.

la production intérieure soit handicapée dans la lutte sur le marché national lui-même[1]. En général, les droits de douane rétablissent l'équilibre très énergiquement. Ce qui importe, c'est que le cartell n'abuse point, par son monopole, des consommateurs à l'intérieur.

Sauf le cas d'un monopole naturel, où par exemple la rareté des gisements rend toute concurrence impossible, il semble très difficile qu'un cartell puisse prolonger bien longtemps une exploitation outrancière. Qu'une entente cherche à s'assurer un large bénéfice, il faut bien s'y attendre, et qui voudrait reprocher à un producteur de s'accorder une bonne rémunération de son travail? Sera-ce donc qu'une puissante concentration trouvera dans sa propre sagesse une limite à ses exigences? Il serait téméraire d'affirmer cette loi, et, en fait, des directeurs de cartells ont été obligés par leurs membres à mettre trop à profit les temps de prospérité. Mais quand un trust, un cartell, un syndicat, a réalisé un monopole, — ce qui n'est pas très facile[2] — il doit toujours se méfier des dissidents qui, par des offres à de meilleures conditions, lui font regretter ses trop hautes ambitions.

Le trust américain du sucre a tiré très grand profit de sa concentration et il n'en a fait participer la consommation que dans la mesure où il craignait la concurrence. Quand celle-ci est très active, il y a un faible écart entre le coût de la matière première et le prix de vente du produit fini. De 1887-1889, le trust organisé établit un écart double; en 1889, le trust, en lutte avec les Raffineries Spreckles, revient à l'ancien taux. En 1892, le trust ayant acheté ces raffineries reprend le taux de 1887. En 1898, la rivalité des Raffineries Arbuckle et Doscher amène une baisse (le prix est de 50 cents les 100 livres au lieu de 125 cents en 1887[3]).

Même s'il ne se réalisait point une telle concurrence, l'entente des producteurs devrait se rappeler à la sagesse et ne point tuer la poule aux œufs d'or. Écarté par des prix trop durs, le consommateur recour-

1. C'est ainsi qu'en Allemagne, les exportations à tarif réduit des fontes, aciers, n'ont point ralenti la très grande prospérité de l'industrie des machines. Par le « dumping », la production étrangère pourrait bien être favorisée dans sa lutte sur le marché international; mais en général le transport, les droits de douane, grèvent ces importations. De plus, en Allemagne, des cartells de matières premières donnent à des cartells de demi-produits ou de produits finis des primes d'exportation. Cependant les fabriques de confitures en Angleterre devaient leur prospérité au bon marché extrême du sucre qui leur était octroyé par les primes d'exportation allemandes, françaises, autrichiennes...

2. V. g. : l'énorme Steel Corporation, d'après le rapport du « Commissioner of Corporations » officiel, ne représentait en 1911 que la moitié de l'activité métallurgique des États-Unis : il n'était pas maître des prix; de même pour le « trust de l'Océan ».

Remarquer aussi que bien des fusions ne visent pas au monopole. Elles cherchent seulement à réduire des frais généraux, les dépenses de publicité, du bureau commercial, et par suite à faire baisser le prix de revient.

3. De Rousiers : Syndicats de producteurs.

rait à des succédanés. Le vendeur trouvera le rendement le plus considérable dans la formule qui lui assurera tout ensemble le maximum de prix et de clients.

Sans doute, il y a des produits, surtout des matières premières, dont les disponibilités réduites — vu la demande de l'industrie moderne — et l'absolue nécessité, le coût des exploitations, concèdent aux cartells un monopole redoutable par sa puissance et son étendue. Des firmes ont résolu la question en s'annexant des exploitations de matières premières : la « combinaison » a brisé l'encerclement du cartell et du syndicat. Si cette ressource n'existe pas, on ne voit point d'autre moyen de salut que de tenter le recours à l'Etat.

Mais, d'après les économistes les plus compétents sur cette question, on n'en serait pas encore réduit à cette « planche de salut », au moins pour ce qui concerne les cours des marchandises. D'après Liefmann, en fait, le monopole des cartells n'a pas encore beaucoup nui aux acheteurs, les trusts ont eu encore moins d'influence sur les prix, les hausses (sur le blé, le cuivre...) sont dues à des spéculations, et tout au plus peut-on reprocher au trust du pétrole de n'avoir pas fait participer le public à ses économies énormes dans le prix de revient.

Les monopoles et l'Etat.

Les progrès de la concentration industrielle et commerciale ont peu à peu amené l'existence de ces associations gigantesques qui, dans les cas extrêmes, ne seraient pas loin de constituer des Etats dans l'Etat. Cette orientation nouvelle du progrès économique crée des obligations toutes spéciales aux gouvernements qui, plus que jamais, doivent rester les défenseurs de l'intérêt général et des intérêts particuliers opprimés.

Ce rôle des pouvoirs publics s'impose, semble-t-il, tout spécialement à un double point de vue : vis-à-vis des prix, qui ne peuvent être fixés arbitrairement par une caste ; vis-à-vis de l'indépendance économique de la collectivité qui doit être défendue contre les menaces d'une oligarchie.

Les prix et l'intervention de l'Etat.

Les pages précédentes ont montré, croyons-nous, que les monopoles n'avaient pas encore exercé sur les prix un pouvoir vraiment despotique. Si dans l'avenir cartells, syndicats, trusts abusaient de leur puissance, que devrait faire l'Etat ?

Les socialistes et d'autres encore ont un moyen très radical : l'étatisation. Mais, à rester sur le terrain des prix, l'Allemagne — c'est peut-être le pays où l'Etat a les exploitations les plus considérables — ne donne point un exemple très encourageant. Actuellement [1], pour le charbon, les prix du fisc, ses conditions de vente, ne sont pas plus avantageux que ceux des compagnies privées. Par ailleurs, pour réaliser cette nationalisation, un milliard serait nécessaire, et pour en payer les intérêts il faudrait maintenir les prix actuels.

Cependant l'Allemagne veut tenter cette expérience audacieuse contre les envahissements des monopoles étrangers. Déjà la loi d'Empire de 1910 imposait un cartell aux producteurs de sels de potasse pour sauver cette industrie atteinte de mévente : limitation obligatoire de la fabrication annuelle, coefficient de participation pour chaque exploitant, prix maximum des sels à l'intérieur, prix minimum à l'extérieur, étaient déterminés. Allant plus loin encore, le Reichstag, en 1911, proposait de défendre le commerce allemand du pétrole par un monopole [2]. Les grandes maisons qui font actuellement le commerce en gros du pétrole en Allemagne seraient rachetées par une société anonyme (au capital d'une centaine de millions de francs). Une partie des actions, les actions nominales (avec droit de vote privilégié) resteraient entre les mains des grandes banques et ne pourraient être vendues à des étrangers. Un commissaire du gouvernement impérial surveillerait les opérations avec droit de veto sur les contrats de livraison à long terme. Le gouvernement confirmerait le bureau et le conseil d'administration. Il participerait aux bénéfices.

D'après Liefmann [3], on pourra toujours échapper au danger des monopoles par une réduction ou une suppression totale des droits de douane — c'est également l'avis de beaucoup d'économistes ; — au besoin par une réduction des tarifs de chemins de fer sur les produits qui font l'objet d'un cartell. Ainsi seraient favorisées les importations, soupape de sûreté contre les exigences des producteurs. Souvent même, pour les cas moins importants, il suffirait d'en appeler à l'opinion publique, d'une interpellation au Reichstag !!... Pour les cas tout à fait graves, on pourrait convoquer une commision composée de membres des cartells intéressés, de dissidents, de consommateurs, de clients, d'ouvriers, de spécialistes, de fonctionnaires... et, à la dernière extrémité, cette commission pourrait officiellement fixer les cours. Quel pouvoir confié à l'Etat !!

Liefmann réclame aussi une plus grande publicité pour les cartells. Ils devraient, par exemple, sous peine d'amende, faire une déclaration de leurs statuts à un « Office impérial des cartells » qui serait chargé d'exercer une haute surveillance sur ces organisations, leur imposerait des comptes rendus et à l'occasion leur demanderait des précisions sur

1. Liefmann, Kartelle und Trusts, p. 205.

2. Cf. Rouland, Le pétrole. *Economiste français*, 2 nov. 1912.

3. Kartelle und Trusts, p. 179. Pour Liefmann, le monopole d'État pourrait devenir nécessaire pour les biens naturels d'importance générale, au cas où ils tomberaient sous la puissance d'un monopole. Ce serait le cas pour les terrains à bâtir dans le voisinage des grandes villes.

leurs prix, leurs primes d'exportation, les restrictions imposées à la production. « Les cartells ont, en fait, beaucoup moins à cacher qu'on ne le pense : dans un cartell n'y a-t-il point des concurrents ? Ce mystère a fait beaucoup de tort aux cartells dans l'opinion. »

La Russie [1], l'Autriche, le Canada, ont déjà eu recours contre les cartells à des réductions de droits de douane, les Etats-Unis remanient leurs tarifs en partie dans ce but, la Nouvelle-Zélande permet au juge, sous certaines garanties, de dissoudre les organisations qui ont établi un monopole, et le gouverneur peut, en telle occurrence, baisser les droits sur ce produit. En 1909, le gouvernement allemand avait songé contre le dumping à un droit d'exportation.

On le voit, les monopoles préparent aux gouvernements de sérieuses difficultés [2].

La libre concurrence et l'intervention de l'Etat.

L'autre face du problème des monopoles est peut-être aussi redoutable. De plus en plus, par les créations du capitalisme moderne, « l'ensemble de l'industrie s'organise sous forme de corporations féodalisées dont chacune jouit d'un pouvoir absolu dans sa branche de production, tandis que, pris en masse, le système constitue lui-même le pouvoir suprême de la nation. Le capitalisme, à sa plus haute expression, devient un régime dans lequel quelques milliardaires commandent, par les trusts et autres organisations financières, un capital 8 ou 10 fois plus considérable que le leur et détiennent une puissance économique qui semble jusqu'ici sans contrepoids [3]. »

1. En 1892, le ministère russe des Finances, pour combattre les exigences excessives du cartell du sucre, a acheté à l'étranger environ 35 millions de kilogrammes de sucre et l'a revendu de manière à ce que les prix ne pussent dépasser 5 ou 6 roubles. Le gouvernement y a gagné 3 millions de roubles. Au Canada, les droits sur le papier ont été abaissés de 25 à 15 %.

En Nouvelle-Zélande, le gouvernement donne des primes de 33 % aux constructeurs de machines agricoles, lorsque la concurrence américaine ne demande que des prix dérisoires. — (Cf. Liefmann, Kartelle und Trusts, p. 180.)

2. Le problème se pose en termes tout différents dans le monopole « concédé ». Or, depuis quelques années, ce régime l'emporte de plus en plus sur la régie directe et sous une forme assez originale : l'entreprise privée a la direction des affaires, tandis que les corporations publiques participent à l'entreprise, v. g. en se réservant la majorité des actions et des administrateurs, en donnant garantie des intérêts et du capital. C'est la régie cointéressée. Cf. Régies municipales intéressées en Allemagne, Raffalovich : *Economiste français*, 30 nov. 1912, et Rapport du conseil d'administration de la Banque pour entreprises électriques à Zurich (assemblée du 21 sept. 1912).

Dans ce régime, la corporation publique peut intervenir énergiquement pour défendre l'intérêt du public.

3. Bourguin.

Le danger est beaucoup moins grand dans les comptoirs, les cartells, les syndicats qui, en général, s'ouvrent aux exploitations plus modestes. Sans doute, les firmes puissantes ont bien des chances d'emporter la part du lion dans la fixation des taux de participations. Elles savent leur concours absolument indispensable à la formation même de l'entente et le font payer. Mais au moins les « petites gens » de la profession, moyennes et petites entreprises, peuvent vivre et même doivent à ces accords collectifs le maintien de leur existence. Les fusions, les holdings Companies, ont une politique moins démocratique. Il leur faut la place au soleil : gare à ceux qui les gênent, et quelle résistance peuvent opposer à ces géants de moyens et même de gros patrons ? Le trust de l'acier s'est incorporé de force des aciéries au capital de plusieurs millions.

« Cette transformation des trusts est une des plus surprenantes révolutions qui se soient jamais produites dans l'histoire de la croissance industrielle du monde, disait dès 1899 « The Journal of Commerce and Commercial Bulletin » de New-York [1]. Cela aboutit presque à une rupture complète des relations entre les puissances industrielles et les autres classes de la société. C'est la suppression des échanges volontaires entre les intérêts producteurs et distributeurs, la création d'une organisation exclusivement productrice, pour chaque industrie, à laquelle tous les autres intérêts matériels doivent s'assujettir... Ces innovations restreignent sensiblement le libre accès des citoyens aux entreprises industrielles... On a poursuivi là, avec une précipitation téméraire, un but qui prouve chez ses auteurs une bien légère considération pour la morale commerciale ou pour la plus importante des libertés humaines, bien peu d'égards pour les périls que les agissements du système sont susceptibles de provoquer dans l'ordre public. »

N'est-il pas extrêmement dangereux pour la paix publique que la très grosse majorité des citoyens soit, d'une certaine façon, nivelée dans un état de mieux-être, peut-être, mais de dépendance économique, et que, sur cette masse amoindrie, règnent quelques milliardaires de l'industrie et surtout de la finance ? Une nation a besoin d'équilibre social. Peut-il exister dans un système économique où une oligarchie veut faire contrepoids à des millions d'employés ? L'argent n'a-t-il point des moyens qui pèsent lourdement en sa faveur ? L'histoire contemporaine (Cf. ch. v) n'en offre que trop de preuves. C'est une tâche très délicate pour un gouvernement que d'intervenir dans les rouages si complexes de notre vie économique. Ne risque-t-il point pour les perfectionner... de les fausser ? Il est indéniable que très souvent les ententes entre producteurs, les fusions, les combinaisons, les concentrations financières représentent un progrès considérable de l'organisation industrielle commerciale, et même sociale. Faut-il, sous

1. Cité par le *Journal des Economistes*, avril 1899.

prétexte de favoriser les classes moyennes, arrêter dans la routine l'évolution de notre industrie ? Que l'on modère l'élan de cette réforme, et qu'ainsi les membres de cette classe moyenne les plus actifs, les plus ingénieux, c'est-à-dire économiquement les plus recommandables, aient le temps de s'organiser dans le sens du progrès, de se réfugier dans ces industries très spécialisées où la fabrication en gros, donc la concentration, ne peut guère les atteindre, c'est, semble-t-il, une politique très sage. Que peut faire, de plus, un gouvernement ? Qu'il réprime énergiquement la concurrence déloyale des entreprises géantes, leurs tentatives d'accaparement, de mainmise sur l'organisme de l'Etat, qu'il surveille au besoin leurs monopoles. Voilà déjà une besogne énorme.

Les Etats-Unis, le pays des trusts, ont entrepris depuis quelques années une campagne énergique contre les monopoles, en faveur de la liberté du commerce.

Le « Sherman Act » interdisait toute restriction de la concurrence [1]. Il y eut bien des divergences dans l'interprétation de cette loi. Au temps de Mac-Kinley, l'attorney general renonça même à toute poursuite en vertu de cet act : « C'était, disait-il, une perte de temps et un gaspillage des derniers publics. » D'après la jurisprudence actuelle, il faut « qu'une restriction de la concurrence soit déraisonnable » pour tomber sous le coup de la justice. Avec le président Roosevelt il y eut 40 poursuites. Sous la présidence de Mr Taft furent dissous des trusts très importants, mais la Cour laissa aux trusts condamnés le temps nécessaire pour se réorganiser en se désintégrant en partie pour laisser agir seules les sous-sociétés. Le président Wilson prépare contre ces monopoles une réforme des droits de douane. C'est à l'abri de ces taxes, dit-on, que les « corporations » peuvent rançonner les marchés américains. Soumises à la concurrence étrangère, elles devront modérer leurs prix au grand profit du public.

Le problème se complique lorsqu'un gouvernement se trouve en présence des monopoles, tout au moins de très fortes organisations qui sont entre les mains d'étrangers. Or, les exemples cités plus haut montrent le caractère international de beaucoup de ces entreprises géantes [2].

1. La lutte officielle contre les trusts perd beaucoup de son efficacité avec la législation des Etats-Unis. En effet, chaque Etat a sa législation propre, et la constitution assure à toute société régulièrement créée d'après les lois d'un Etat, de faire le commerce sur tout le territoire de l'Union. Or, vu les grandes sommes qui reviennent au gouvernement à la fondation des grandes sociétés, certains Etats sont très accueillants pour les trusts. L'Etat de New-Jersey s'est acquis, dans ce sens, une réputation mondiale. Il s'y est fondé des Compagnies qui ont seulement pour but d'acquérir et de conserver en portefeuille les actions d'autres sociétés. A Jersey-City il y a des maisons dans lesquelles plus de 100 sociétés ont leur siège social et ont pour directeur le concierge. — Liefmann, Kartelle und Trusts, p. 120.

2. Les pages précédentes ont très abondamment indiqué l'internationalisme des capitaux. Les grandes banques modernes, pour faire valoir les énormes

En ce moment l'opinion allemande s'occupe avec grand intérêt des envahissements des trusts américains. En particulier, contre la société anonyme « Georg A. Jasmatzi » de Dresde, filiale principale du trust du tabac anglo-américain, s'est fondée « l'Union de défense contre le trust

dépôts qui leur sont confiés, sont à l'affût de toutes les entreprises à lancer soit dans leur propre pays, soit à l'étranger : il est évident que l'activité économique de la France est incapable d'absorber nos épargnes (environ 2 milliards par an).

Des statisticiens évaluent les placements français à l'étranger les uns à 27 milliards, les autres à 40 milliards qui rapporteraient chaque année en dividendes et intérêts, 2 milliards. D'après les statistiques, de 1902 à 1912, la France aurait acheté 42 milliards de valeurs mobilières dont 31 milliards et demi en valeurs étrangères : rentes, actions industrielles... Les valeurs étrangères admises à la cote officielle française se sont élevées en 1910 à 3.928 millions (les valeurs françaises à 781 millions) ; en 1911, à 2.784 millions (les valeurs françaises 1 milliard) ; en 1912, à 1.635 (les valeurs françaises à 1.782 millions). La France est créditrice de tous les pays : la Russie lui doit 16 milliards, l'Espagne, 2 ½, l'Egypte, 2.400 millions, la Turquie, 1.600, l'Autriche-Hongrie, 1 milliard, la Suisse, 800 millions, le Brésil, 800, la République Argentine, 600, la Roumanie, 500, la Bulgarie avec la Hollande et le Danemark, 900.

Par contre, les étrangers possèderaient en France 6 milliards et demi.

Les Anglais auraient 46 milliards placés dans les pays étrangers. Leurs placements dans les colonies anglaises et les pays étrangers leur rapporteraient par an 180 millions de livres, soit 4 milliards et demi. Pour estimer à leur juste valeur les intérêts qu'ont les Anglais dans les pays étrangers, il faudrait ajouter les gains énormes de leur commerce avec le monde entier.

L'Allemagne fait dans ses capitaux une part de plus en plus large aux affaires étrangères ; environ 15 % de ses économies sont engagés dans des placements étrangers.

Ainsi s'établit entre les nations, parfois hostiles en politique, des liens très forts, un enchevêtrement d'intérêts pécuniaires qui, tous le reconnaissent, est la meilleure garantie de la paix du monde. La guerre entre la France et l'Allemagne, par exemple, quelle que soit son issue, troublerait profondément les intérêts allemands en France, les intérêts français en Allemagne.

Les établissements de crédit français mettent à la disposition du commerce allemand des sommes considérables en réescomptant ses effets de commerce ou en lui faisant des avances à court terme. Les sociétés françaises placeraient dans les banques allemandes entre 300 et 400 millions, soit directement (tel de nos grands établissements de crédit a une succursale à Berlin), soit par l'intermédiaire des banques de dépôts belges et suisses.

L'entente financière est de plus en plus intime entre les établissements français et allemands depuis 1910 : la Dresdener Bank a financé la banque Allard, la Nationalbank s'est intéressée à l'augmentation du capital du Crédit mobilier français, la Kommerzbank est en rapport avec la banque Transatlantique. Par la voie de Bruxelles, la Deustche Bank a absorbé la banque Balzer, la Société Générale a une filiale à Berlin pour y faire fructifier ses capitaux en avances et reports.

D'après l'attaché commercial à Berlin, c'est la finance française qui sauva l'Allemagne de la faillite en 1901 en lui avançant 1.200 millions (à gros intérêts), en 6 coupures de 200 millions. En 1911 (après Agadir) environ américain du tabac »[1]; l'Union a un organe destiné à conserver aux allemands le marché allemand. Les firmes dissidentes mettent comme réclame : « Indépendante du trust ».

En 1911, le Reichstag proposait même de défendre le commerce allemand du pétrole par un monopole. (Cf. plus haut.)

Les Etats modernes, dont les fonctions économiques s'étendent toujours davantage, ont parfois à traiter avec des monopoles. Une affaire toute récente a montré, en Allemagne, que certaines entreprises savaient mettre en œuvre leur haute influence pour tirer de leur monopole le parti le plus large. Les procédés de la célèbre firme furent loin d'être irrépréhensibles.

1.200 millions mis au service de la finance allemande écartent encore la faillite des entreprises allemandes. On peut discuter au point de vue national l'opportunité de ces secours. Mais on peut dire, sans exagérer, que le patriotisme averti de certains établissements aurait dû reculer devant telles et telles émissions : c'est le gouvernement français qui a dû arrêter, en refusant l'inscription à la cote officielle, les emprunts de la Hongrie et de la Turquie, destinés en grande partie à des armements antifrançais.

En tout cas, on ne peut nier de nos jours l'*importance internationale des capitaux, leur rôle dans la politique mondiale*. Les événements d'Orient nous en donnent un exemple typique. Pour réduire la Turquie, les alliés Balkaniques, les nations neutres ont menacé les belligérants — on sait avec quel succès — de refuser aux récalcitrants tout secours financier après la conclusion de la paix. Or, par exemple, les Français sont à la fois les grands créanciers de la Turquie (ils sont les principaux porteurs de la dette Ottomane, les principaux capitalistes de la Banque Ottomane dont le comité d'administration doit compter 10 Français sur 20 membres) et aussi de la Grèce, de la Bulgarie, de la Serbie (cette dernière emprunta en 1906 à Paris 205 millions, à la condition de passer en France sa commande d'artillerie. L'Autriche ne lui consentait un emprunt que si la Serbie faisait sa commande à Krupp ou en Autriche.)

1. Un des administrateurs allemands du trust américain fut jadis le défenseur très remarqué des intérêts allemands des sels de potasse contre l'Américain Schmidtmann ! Cf. der Rekord 1913, n° 14.

CHAPITRE IV

LES ABUS FINANCIERS DU CAPITALISME MODERNE

SECTION PREMIÈRE

Industrie, commerce et finance.

Les chapitres précédents ont montré en quelle intimité vivent, dans le capitalisme moderne, banques et sociétés anonymes, cartells, holding Companies. En Amérique, ce sont les financiers qui, très souvent, ont eu l'initiative des trusts (Standard Oil Cy, trust de l'Océan) et les ont réalisés. Dans notre vieille Europe — comme aux Etats-Unis — ce sont eux encore qui ont mis en route bien des sociétés anonymes, facilité leur augmentation, financé une grande partie des sociétés de participation.

L'Allemagne, en particulier, doit beaucoup de son développement économique à l'activité, à l'initiative des banques. En effet, « elle est dans la situation d'un homme riche qui s'est lancé dans une grosse entreprise industrielle pour laquelle ses capitaux sont insuffisants[1] », d'où besoin de crédit. Et qui le lui accordera, sinon les banques qui concentreront dans ce but les épargnes du pays et celles de l'étranger ?

Peut-être cette influence des banques est-elle moins considérable que par le passé, en ce sens que des inventions modernes[2], comme l'extraction de l'azote de l'air, ont pu être exploitées par des firmes industrielles sans le concours des établissements de crédit, ou tout au moins ont pu se dégager très vite de leur emprise. Mais souvent ces exploitations, pour rester indépendantes des maisons de banque, s'annexaient des sociétés finan-

---

1. Goblet, *La Revue*, 15 décembre 1912. Aussi, continue Goblet : « En dépit de sa richesse, cet homme sera constamment aux prises avec des embarras d'argent. — En 1911, si la France avait persisté dans son attitude, les chefs des grandes banques auraient dû solliciter un moratorium, c'est-à-dire faire repousser les échéances. Mais aussi, au lieu du 3 %, l'argent rapporte de gros revenus (bien des maisons de commerce dans les villes hanséatiques donnent des dividendes de 25 %).

2. C'est ce que prétend Liefmann : Kartelle und Trusts, p. 170.

cières qui souscrivaient les actions des nouvelles sociétés, ou gardaient la majorité en portefeuille, et qui, pour constituer leur propre capital social, ou renforcer leurs ressources, émettaient dans le public une partie de leurs actions et bon nombre d'obligations. La domination de la banque sur l'activité industrielle en était sans doute affaiblie, mais il n'en restait pas moins une liaison très intime entre la banque et l'industrie.

En fait, les administrateurs des grandes banques sont en même temps administrateurs de multiples entreprises : en France, pour ne citer qu'une région d'un essor industriel plus récent ; « en Lorraine [1], les conseils d'administration des 4 grandes banques de Nancy comprennent, sur 35 administrateurs, 21 industriels qui occupent 230 sièges environ dans les industries régionales... La « Deutsche Bank » est représentée dans les conseils d'administration de 134 entreprises et banques affiliées, la « Disconto » dans 114 entreprises, la « Dresdener Bank » dans 112, la « Berliner Handelsgesellschaft », la « Bank für Handel und Industrie », la « National Bank für Deutschland », chacune dans 101. » — D'après certains économistes [2], les banques de Berlin joueraient un rôle important dans les cartells ; le « Schaaffhausens'cher Bankverein » se serait spécialisé dans les houillères et la métallurgie, la « Disconto » dans les entreprises de transport, la « Dresdener Bank » dans les industries textiles et chimiques, la « Deutsche Bank » dans les affaires électriques, le commerce transatlantique, le pétrole... « La dépendance étroite dans laquelle se trouve l'industrie allemande, même dans ses plus petites ramifications, vis-à-vis des établissements de crédit, a permis de dire, au dernier congrès de banquiers qui s'est tenu à München, que les administrateurs des banques étaient les véritables dirigeants de l'industrie allemande [3]. »

A supposer même que cette affirmation ne soit pas exagérée, cette immixtion des sociétés de crédit dans les sociétés industrielles peut avoir des avantages pour les deux associées. Les premières s'assurent des clients fidèles pour les opérations de banque proprement dites : escomptes, prêts, comptes courants..., que généralement elles s'adjoignent à leurs affaires d'émission (à leur défaut, elles désignent une filiale ou une maison du groupe) ; surtout, elles se chargent des lucratives émissions des sociétés affiliées. Les firmes industrielles gagnent à ces relations des administrateurs entendus aux questions financières : gérance d'un portefeuille parfois considérable (v. g. dans les compagnies d'assurances, les sociétés à participation...) ; utilisation de fonds de roulement énormes (comme ceux que les Compagnies de chemins de fer ou d'assurances emploient en prêts à court terme, en reports...) ;

1. *Les grands marchés financiers ;* le marché de province, p. 118, et le marché financier allemand.
2. Tous ne sont pas de cet avis. Liefmann, entre autres, prétend que dans les diverses branches de l'industrie, les banques se font une concurrence très âpre.
3. *Monde économique*, 15 mars 1913.

achats de matières premières à la Bourse... Ces entreprises obtiennent encore une constitution de leur capital plus facile, moins onéreuse, souvent un supplément de clientèle. Les banques, intéressées par leurs avances, leurs participations à des entreprises très variées, ont des droits spéciaux à imposer à ces dernières des fournisseurs de son choix, c'est-à-dire les membres du groupe.

C'est ce qui ressort assez clairement du bilan suivant de l'Union parisienne.

Les affaires russes, dit le rapport du conseil d'administration pour l'exercice 1912, font partie du programme de la Banque de l'Union parisienne. Elle poursuit avec un groupe, constitué à cet effet, l'étude et l'obtention de la concession de différentes lignes de chemins de fer dans des régions intéressantes ; un commencement d'exécution a été réalisé par la constitution de la Société des embranchements de chemins de fer, au capital de 4 millions de roubles qui aura à émettre, au cours de la présente année, environ 31.000.000 de roubles d'obligations du type 4 ½ %, et jouissant de la garantie du Gouvernement impérial.

Avec MM. Schneider et Cie et un groupe de Paris ainsi que la Société générale de Belgique et plusieurs banques russes, la Banque de l'Union parisienne a poursuivi la réalisation d'un programme général lui permettant de participer aux commandes de matériel et de munitions pour l'armée et la marine russes.

Elle a participé aux augmentations de capital de la Société russe pour la fabrication de munitions et de la Société des usines Poutiloff.

Plus loin, le conseil indique que la Banque de l'Union parisienne « s'intéresse » aux usines métallurgiques : la Providence russe, la Société Donetz Youriefka, aux mines, fonderies et forges d'Alais, et à la Banque de l'Union de Moscou (certains administrateurs sont communs aux 2 banques).

De même un groupe capitaliste, sous la direction de la « Banque française pour le commerce et l'industrie », prenait, ces dernières années, l'adjudication de 9.620 kilomètres de routes à construire en Turquie d'Europe. Pour cela, la banque fondait la « Société générale d'entreprises de l'Empire Ottoman » (au capital de 4 millions), et consentait à l'Etat Ottoman un emprunt de 2 ½ millions de livres.

De plus, en relation d'intérêts avec quelques firmes influentes, la banque cherchera, bien entendu, à harmoniser leur action sur le marché, à provoquer une entente sur les prix, au lieu de s'épuiser dans la concurrence. Même en dehors d'une telle organisation financière de l'industrie, c'est évident, l'évolution du progrès économique a souvent amené les maisons rivales à un essai d'accord. Mais le système des « participations » a aidé considérablement à ces ententes commerciales, a été un agent puissant des cartells et des fusions. Tantôt la banque en prend l'initiative, tantôt elle oblige ses filiales à y adhérer. Souvent, elle en reste le lien, parce que bailleur de fonds ; sans elle par exemple, jusqu'au règlement définitif des comptes, qui ferait les avances au bureau de vente chargé d'acheter, puis d'écouler la production des membres [1] ?

1. Par exemple, en 1906, le gouvernement italien organise le consortium

SECTION DEUXIÈME

Abus financiers.

Il y a, dans cette liaison intime entre financiers et industriels, de gros avantages, mais aussi un très grave danger [1]. « Dans les conditions actuelles de l'organisation des trusts » (on pourrait ajouter de beaucoup de sociétés anonymes), dit M. Bourguin [2], « ce sont moins les industriels que les financiers qui ont le contrôle de ces entreprises » ; il est à craindre, dès lors, que l'entreprise industrielle ou commerciale ne devienne surtout financière et que, pour prospérer, elle ne fasse appel avant tout à des procédés de spéculation financière ; c'est une accusation grave que l'on doit ménager, que souvent même il est difficile de prouver. Mais des réticences de bilans, la chronique judiciaire de certains trusts américains ou autres, ne laissent point de doute sur les agissements de telles et telles firmes.

Ces procédés frauduleux sont facilités par la complexité inouïe de certaines grandes exploitations modernes qui, très longtemps, peuvent échapper au contrôle des actionnaires et se permettre, contre les intérêts de ces derniers, des manœuvres malhonnêtes.

Une banque importante a des participations et des intérêts dans les pays les plus variés, dans les industries les plus diverses : chemins de fer, tramways, aciéries, filatures, brasseries, plantations coloniales, mines, armement... Souvent, cette banque demandera tout simplement à chacune de ces exploitations le plus gros dividende possible ; il peut se faire, par contre, que la banque superpose au jeu normal de ces

obligatoire des producteurs de soufre auquel il réserve le monopole de la vente à un prix fixé par lui. C'est la « Banque de Sicile » qui fait l'escompte (à un taux de faveur) des warrants de soufre déposés dans les magasins du consortium. A toute consignation de soufre, le producteur touche par tonne, sur son certificat de dépôt, une avance des 4/5 d'un prix spécial un peu inférieur à celui qu'on suppose devoir être réalisé. Le dernier cinquième ne peut être touché par répartition qu'en fin d'exercice après la réalisation effective des ventes. Cf. Payen, *Economiste français*, 17 août 1912. Des banques jouaient un rôle analogue dans les cartells allemands de l'alcool. Cf. Souchon : Cartells de l'agriculture.

1. On ne peut négliger non plus le danger économique ; après avoir immobilisé de si gros capitaux, la banque peut être prise de court en temps de panique, et être entraînée dans une banqueroute. En 1902, la banque de Leipzig saute pour avoir pris trop d'affaires industrielles. La commotion se transmit à toute la région.

2. *Systèmes socialistes et évolutions économiques.*

entreprises ses vues propres absolument contradictoires. Ses hauts employés les représenteront au conseil d'administration de chaque firme et les feront prévaloir contre les vrais intérêts de la société. L'actionnaire, en général, ignore complètement toute cette politique, et aux assemblées générales, — à supposer qu'il puisse y assister et qu'il le fasse — il approuvera lui-même les propositions de son véritable adversaire. D'ailleurs, comment se retrouverait-il dans les rapports de ces sociétés où quelques lignes très succinctes prétendent exposer la situation de 20, 30 filiales et plus ? Plus que jamais, avec ce nouvel isoloir qu'est la société-contrôle, le capital propriétaire est coupé de la direction, il est à sa merci.

Or, il arrive que, très au courant des manœuvres de Bourse, d'un esprit aventureux, les chefs responsables de certaines grandes exploitations visent à réaliser des bénéfices, moins par la régularité du mécanisme industriel que par la spéculation sur les matières premières, et non pas tant par une prévoyance sérieuse des cours que par une action plus ou moins frauduleuse sur l'offre et la demande ; nous en avons donné quelques exemples. Les artifices, les obscurités de comptabilité, le jeu des réserves [1], cachent aux actionnaires les avances des banques, les pertes subies, les découverts..., jusqu'à l'effondrement définitif. C'est l'histoire des grosses faillites qui jettent le désordre sur le marché, parfois pour plusieurs années.

Dans d'autres occasions, l'intérêt primordial des administrateurs sera de pousser les cours des actions qui constituent le portefeuille de la société ou son capital. Pour vendre à la hausse les titres de cette société, les administrateurs malhonnêtes [2] truqueront les bilans, se restreindront à des amortissements insuffisants, coteront au-dessus de leur valeur les stocks de matières premières et de produits ouvrés, les créances douteuses, les immeubles, les machines..., pour distribuer des dividendes fictifs ; par des manœuvres rapides ils obtiendront sur les valeurs du portefeuille des cours passagers, qu'ils utiliseront pour son évaluation, ils étaleront des réserves fictives... Des annonces bruyantes dans les journaux et les feuilles financières, des rapports de personnes soi-disant indépendantes, des articles discrets dans les revues spéciales ou les revues du grand public, annonceront des commandes importantes des administrations, l'achat de brevets très lucratifs, la découverte de débouchés rémunérateurs. Certains administrateurs ne reculent pas devant les fausses nouvelles et les manœuvres de l'agio-

1. « Dans un trop grand nombre de sociétés anonymes, les réserves, pour une forte part du moins, ne sont qu'apparentes et sont destinées à couvrir éventuellement les pertes dans la réalisation de tel ou tel chapitre de l'actif qui est maintenu au bilan pour une valeur qu'il n'a pas réellement. » Leroy-Beaulieu, *Traité d'économie politique*, III, p. 494.

2. Il faudrait signaler également les traitements exorbitants que se font octroyer certains administrateurs.

tage. Pour soutenir les cours, les rendre plus fermes, telles sociétés vont parfois jusqu'à racheter leurs propres actions, non pas avec des fonds de réserve trop abondants, en manière d'amortissement, mais avec le capital social lui-même, diminuant ainsi frauduleusement l'avoir des actionnaires, le gage des obligataires et des créanciers. Faisant ainsi le vide sur le marché et raréfiant l'offre tout en stimulant la demande par une réclame désordonnée, les administrations faussent les cours à leur avantage ; parfois, ils profitent du point aigu de la hausse pour réaliser en grande partie leurs actions dans la société, et passer à des malheureux des titres dont la valeur, ils le savent pertinemment, s'effondrera bientôt [1].

Plus souvent, cette campagne de hausse prépare une émission d'actions ou d'obligations. La société prospère ; elle doit, pour faire honneur à sa situation, augmenter ses ressources. Evidemment, on choisira, pour lancer l'opération, un moment favorable, c'est-à-dire une époque où l'état des affaires promet des souscripteurs nombreux, ou permet pour les obligations un taux d'intérêt assez bas. Dans ces conditions, le développement d'une maison dépendra beaucoup moins de sa situation intrinsèque, de ses chances d'avenir, que du marché financier.

Alors les sociétés de crédit qui ont, dans l'entreprise, des participations sont, bien entendu, chargées de l'opération. Elles font à la société l'avance du capital à souscrire ; aussi le public considérera-t-il l'émission comme cautionnée par la banque, au moins moralement, puisqu'elle l'a prise. Si le paquet d'actions ou obligations est considérable [2], il se forme un « syndicat de finance », c'est-à-dire une association de banquiers pour prendre en bloc et introduire ensuite au détail dans le public, suivant les proportions arrêtées entre eux, le capital-actions ou le capital-obligations. Parfois, il y a garantie pour une partie de l'émission, « option » pour une autre, c'est-à-dire que dans un certain délai, le syndicat peut, à son gré, prendre et aux mêmes conditions une tranche additionnelle d'actions ou obligations. Quelquefois, le syndicat de garantie se double d'un « syndicat de résistance » qui, pour maintenir les cours, renforce la demande par une campagne de bourse, et une banque, contre nantissement d'une partie des actions, procure des fonds de roulement afin d'acheter temporairement une autre partie des titres à émettre. Le public, alléché par cette hausse, stylé par les conseils des employés de banque, des démarcheurs, des journaux, demande

1. Des procédés inverses sont employés pour ruiner une entreprise rivale : campagne de dénigrement, grèves soudoyées, manœuvres à la baisse sur les actions de cette société. Quelquefois, ce fut le cas pour l'ancienne « American Steel and Wire Cy », c'est le directeur lui-même qui joue à la baisse, et conduit sa société à la ruine. Cf. Liefmann : Kartelle und Trusts, p. 129.

2. Cf. Thaller : Syndicats financiers d'émission ; organisation ; responsabilité. *Annales de droit commercial*, 1911.

les valeurs par l'intermédiaire des banques, des agents de change ou des coulissiers.

Responsable de l'entreprise, le syndicat d'émission cherche à placer, aux plus hauts prix et le plus vite possible, ces paquets de titres qui, en cas d'échec, immobiliseraient une forte partie de son capital.

Par ailleurs, les commissions sont fortes et les banques, tantôt rivales, tantôt associées, sont à l'affût de ces bonnes affaires. Dans les conseils d'administration, auprès de leurs clients, elles seront bien tentées de pousser vigoureusement à ces lucratives émissions.

Aux Etats-Unis les « merchants », les « financiers » se sont montrés tout particulièrement peu scrupuleux [1]. Dans ce pays, les banques étant incapables, dans leur état de décentralisation, de fournir aux nouvelles sociétés leur capital social, les financiers se sont empressés d'occuper cette position très alléchante. Car, avec la législation nord-américaine, on peut lancer des affaires énormes, avec des ressources extrêmement réduites. Là-bas pas n'est besoin, avant de donner à une société son existence juridique, de souscrire une forte majorité des actions. Il suffit de dire « nous fondons une société [2] », de verser une quote-part minime : la société existe, et alors seulement on va lui chercher son capital social. Le système de la fondation « successive » et non pas « simultanée » imprime, bien entendu, aux affaires, une hardiesse extrême, surtout que le « promoter » des créations, et fusions de sociétés, touchent des commissions énormes. Si on met encore en ligne de compte les primes considérables des « underwriters » qui émettent les actions dans le public, la surcapitalisation de ces actions (puisque souvent les « common shares » représentent simplement la plus-value qui devra résulter de la fusion), on voit que les frais de fondation d'un

1. Liefmann, Unternehmungsformen, p. 88.

2. Liefmann (Kartelle und Trusts) cite un exemple curieux de constitution de trust (p. 135). Le 17 juin 1902 commence « l'United States Shipbuilding Cy » avec trois hommes de paille d'un nommé Schwab qui souscrivent chacun 10 actions de 100 dollars et dans une assemblée générale (!) nomment directeurs (en leur donnant à chacun — suivant la loi — une action) trois employés d'une « trust Cy » contrôlée par Schwab. Le jour de l'assemblée, la nouvelle société reçoit d'un « promoter », J.-W. Young l'offre de lui acheter tout le capital de 6 compagnies de construction de navires, de 2 aciéries, de 300.000 actions de la « Bethleem Steel Cy » (que Schwab contrôlait) : Young livrerait le tout pour 19.998.500 dollars en actions de préférence, 24.998.500 dollars en actions ordinaires, et 26 millions en obligations ; de plus, la « Bethleem Steel Cy » aurait une garantie de 3 dollars de dividende par action. La proposition est acceptée et de 3.000 dollars la Cie passe à un capital de 80 millions de dollars. Les « reviseurs » estiment à 20 millions de dollars des établissements qui en valent 12,5 ; on émet 71 millions de dollars ; Schwab reçoit 20 millions en actions ; 5 mois après l'émission dans le public, la société tombe en faillite. Des ruines, Schwab fonde une nouvelle société au capital de 49,5 millions qui trouve des actionnaires. Après tout cela, Schwab se fait tout de même adjuger dans le trust de l'acier un emploi au traitement d'un million de dollars.

trust s'élèvent à des sommes fantastiques, d'après Liefmann, à 20 ou même 40 % du capital émis.

Pour la création de l' « Internationale Mercantile Marine C° [1] » (trust de l'Océan), P. Morgan calculait la valeur des actions de la White Star Line, de la Dominion Line, celle du capital d'Ismay, Imrie and C° et de Richard Mill and C°, en multipliant par 10 le bénéfice net de chacune des entreprises pour 1900. Or ce bénéfice net était établi sans tenir compte, entre autres choses, des intérêts des obligations ni des contributions aux « Protecting and indemnity clubs ». Enfin le capital obtenu, en décuplant ces « bénéfices nets » arbitraires, était cédé moyennant 25 % en argent comptant, 75 % en actions de préférence annulatives à 6 %, et de plus 37, 5 % en actions ordinaires (common Stock). Le capital du trust « mouillé » (watered), enflé, évalué au moment de l'émission (février 1902) à 850 millions, ne représentait plus, d'après la cote de la bourse de New-York, que 525 millions au 31 décembre de la même année, 183 ½ millions en 1904 et 225 millions en août 1911. Depuis le 1er décembre 1902, le trust ne donne pas de dividende.

Dans une circulaire adressée aux actionnaires des différentes sociétés englobées par l'United States Steel Corporation, P. Morgan, pour chaque valeur de 100 dollars au pair des actions de la société ci-dessous mentionnée, offrait en actions ordinaires ou en actions de préférence de l'United States Steel Corporation, la valeur placée en regard. Voici les chiffres pour quelques-unes de ces sociétés :

		Montant des nouvelles actions délivrées au pair.	
	Nature d'actions.	De préférence	Ordinaires
v. g.	—	—	—
Federal Steel C°........	Actions de préférence.	110	»
	» ordinaires.	4	107 50
National Tube C°......	Actions de préférence.	125	»
	» ordinaires.	8,80	125
American Tin Plate C°	Actions de préférence.	125	»
	» ordinaires.	20	125

Dans l'ensemble, sauf pour deux compagnies, il y avait augmentation de capital dans tous les cas. Les porteurs d'actions ordinaires du Tin Plate C° recevaient 1/5 de la valeur nominale d'actions dépréciées en actions de préférence, plus 125 % de cette même valeur [2] en actions ordinaires. Dans son rapport, M. Herbert Knox Smith, Commissioner of Corporations, estime à la suite d'une enquête approfondie que le capital du trust était enflé, pour moitié au moins, à l'époque de sa création [3].

1. Cf. De Rousiers, syndicats industriels de producteurs, p. 252.

2. L'*Economiste français* du 30 décembre 1911 (p. 984) annonce la formation d'un grand trust maritime. L' « Union Castle Mail Steamship Cy » est rachetée par un groupe composé de la « Royal Mail Steam Packet Cy » et la Société Elder Dempster and C° Limited. Les 125.000 actions seront achetées au prix de liv. st. 32.10.0 l'une, alors que tout dernièrement encore, la cote à la bourse était de liv. st. 11 seulement. (L'explication de cette surcapitalisation se trouve sans doute dans le fait que la participation dont jouissaient MM. Donald Currie and C°, gérants de la ligne, est rachetée pour la somme de 700.000 liv. st. et devient la propriété du trust.)

3. Les actions ordinaires de la « Steel Corporation » (qui doivent recevoir

Inutile d'insister sur les émissions d'escroquerie : par exemple, Rochette [1] crée tout d'abord une société de crédit centrale à faible capital (le « Crédit minier ») qui crée à son tour le « Syndicat minier » en couvrant par des prête-noms le capital de cette société. Cette dernière réserve les fonds au crédit minier soit pour augmenter le capital de cette société, soit à titre de prêt. Les fonds, circulant en navette, servent à monter la « Nerva » ou le « Banco Franco-Espagnol ». Le crédit minier introduit les titres de ces entreprises qui, réciproquement, introduisent les siens. Ainsi, multiplication de papier sur un capital qu'on fait chevaucher sur 10 ou 15 sociétés d'une existence artificielle.

Il serait souverainement injuste de juger, d'après ces derniers exemples, l'influence générale de la finance, sur le commerce et l'industrie. Les financiers, nous le répétons, fournissent aux grandes sociétés des chefs, des « captains of industry » tout à fait remarquables. Autre considération, par des avances prudentes aux firmes affiliées pendant les périodes de crise, les banques peuvent éviter des faillites, et par suite des secousses profondes à la vie économique du pays.

Mais en dehors de toute manœuvre financière des administrateurs, souvent même contre leur politique commerciale très arrêtée, les sociétés anonymes et surtout les plus importantes, offrent, de par leur caractère essentiel, une proie toute naturelle à l'esprit de spéculation. Se traitant dans les principales Bourses, les actions d'une très grande entreprise sont éminemment mobilisables. Le porteur de titres ne voit que le dividende ou la plus-value. Est-il fondateur ? il se hâtera parfois de se débarrasser le plus tôt possible, aux meilleurs cours, de ces parts de fondateur, de ces parts bénéficiaires qui représentent peut-être des concours ou des apports extrêmement majorés. Simple actionnaire, il échangera très volontiers son titre contre tout autre qui promet une meilleure rémunération ou une chance de meilleure plus-value. Et tout cela dépend, non pas de la marche de l'entreprise, mais de l'ensemble de l'état économique, de la « conjoncture », des besoins d'argent sur le marché mondial, des événements politiques, moins encore, des manœuvres de bourse ou d'un simple engouement. Le directeur d'une compagnie canadienne de chemins de fer blâme l'habitude de publier des bilans mensuels. La spéculation, dit-il, en abuse pour des campagnes de hausse ou de baisse. Autre exemple : les Américains entretiennent systématiquement le jeu sur telle grande mine de cuivre.

« Même sans en arriver à ces extrêmes, le développement du capitalisme, remarque Sombart [2], est caractérisé, non point par

---

les économies résultant de la concentration) ont subi de très grandes variations : elles valaient, en 1902, de 40 3/4 d. à 36 5/8 ; en 1904, de 33 1/4 à 8 3/8 ; en 1909, de 94 3/4 à 41 1/5 ; en 1911, de 82 1/8 à 52 1/2.

1. Cf. Thaller, art. cité.

2. Der kapitalistische Unternehmer, cité par Pesch : Lehrbuch der Nationalökonomie, tome III, p. 394.

la création de grandes entreprises combinées, ni par la conquête d'un monopole, mais plutôt par l'introduction de toute espèce d'affaires dans le sens de la spéculation de bourse. La formation des trusts, au fond (envisagée au point de vue capitaliste bien entendu), n'est rien d'autre que la transformation des affaires de commerce et de production en affaires de Bourse. Le financier ne voit dans l'industrie qu'une affaire de spéculation. L'actionnaire ne fait état que des cours de la Bourse et ceux-ci dépendent trop souvent, dans les entreprises importantes, de manœuvres de Bourse. La Bourse devient le principal facteur de la prospérité de ces industries. » C'est, de plus en plus, ce qu'on pourrait appeler la « boursification » (Verbörsinierung) du système économique.

Dans ces conditions comment assurer la stabilité du capital social? Le marché à terme a imprimé sur les valeurs de la société allemande « Konsolidation » des oscillations qui allaient jusque 20 % en une seule journée. Ces secousses artificielles ne peuvent que nuire considérablement à la bonne marche d'une entreprise. Aussi, en Allemagne [1], nombre de directeurs de banques, de mines, d'usines métallurgiques, ont-ils accepté avec empressement la loi de 1896 qui interdisait le marché à terme sur les actions des sociétés anonymes d'un capital inférieur à 20 millions de marks et sur les parts d'entreprises minières et métallurgiques. Après plusieurs années d'expérience, les industriels ne se plaignent pas de cette interdiction; seules la Bourse et la Banque élèvent des objections contre une loi qui leur a fait perdre de forts courtages et commissions.

Les gouvernements et la répression des abus financiers.

« Maîtres des réserves bancaires du pays, les groupes financiers, dit le professeur Scott, au lieu de les employer à l'avantage de la nation, les ont lancées dans des placements hasardeux... Au lieu d'être le soutien du travail honnête et actif, l'argent est devenu la proie de la spéculation et le trophée des manœuvres de bourse hardies et factices. Les magnats de la finance se sont enrichis et les petits capitalistes ont perdu leurs épargnes. » C'est l'intérêt général sacrifié aux convoitises individuelles.

Plus ces organismes deviennent gigantesques, plus le gouvernement, défenseur de l'intérêt général, doit s'armer de pouvoirs énergiques et affirmer son indépendance. Les chefs des groupes industriels et financiers ont su très bien parer les mesures de la puissance publique. En Amérique par exemple, ils soutiennent

1. Lescure, Marché à terme de Bourse en Allemagne, p. 128.

de leurs deniers tout au moins une fraction du parti républicain [1]; ailleurs également, les partis politiques tendent de plus en plus à représenter des intérêts économiques. En Allemagne, tandis que le Centre protège les classes moyennes et populaires et que la Sozialdemokratie porte à la tribune les revendications prolétariennes, les conservateurs défendent l'aristocratie terrienne et les libéraux tiennent pour la richesse industrielle. Il est bien difficile, pour les gouvernements, de tenir balance égale entre tous ces intérêts. Souvent parlementaires, fonctionnaires, ambassadeurs, ministres, familles régnantes, sont mêlés très intimement aux affaires financières : hommes d'Etat, ministres et monarques ne sont-ils pas quelquefois hommes d'affaires? Et puis les grandes nations modernes, si obérées depuis cinquante ans par les charges militaires, les expéditions coloniales, les travaux publics, ne peuvent se mettre en froid avec la haute banque. Les ministres des finances sont heureux d'utiliser les bons offices des Banques privilégiées et autres pour masquer les déficits budgétaires. Et quel emprunt réussirait contre ou même sans la bonne volonté des institutions de crédit? Dans certaines occasions même, les grandes nations ont dû confier à des banques leurs parts d'intérêt [2]. Dans le partage du prochain emprunt chinois (de 1.500 millions de francs), les puissances sont représentées par la Banque française de l'Indo-Chine, la Hong-Kong Shanghaï Banking Corporation (anglaise), la Banque russo-asiatique, la Deutsche Asiatik...

Enfin, pour faire aboutir certains intérêts, pour convaincre certaines hautes personnalités, il y a les grands... et les petits moyens : campagne de presse, corruption de fonctionnaires [3]...

1. D'après le *Correspondant* (n° du 25 octobre 1910 : La situation politique et les prochaines élections), les républicains, partisans du protectionisme, le sont aussi devenus des trusts, si fortement favorisés par les droits de douanes : politiciens des trusts, on les a appelés la « Old Guard », la « machine », le « Bossism » (de « Boss » qui signifie patron). Certains républicains, émus par les excès des trusts, ont fondé un parti dissident, les « Insurgents », prêts à voter au besoin avec les démocrates.

2. Cf. Chéradame, Finance et diplomatie, *Correspondant*, 25 janvier 1912.

3. Pour donner quelques exemples : le gouverneur de l'Etat de New-York (*Temps* du 14 avril 1910), dans un message à la Législature, signalait les législateurs d'Albany qui levaient un tribut sur le trust des ponts pour supprimer certaines lois et qui reçurent, en 5 ans, 750.000 fr. de pots de vin des Cies d'assurances pour en voter d'autres.

D'après le rapport parlementaire sur l'affaire du Panama, un ministre des Travaux publics devait toucher un million s'il faisait passer une loi permettant l'émission de valeurs à lots. En 1886, 1887, 1888, la presse reçoit (sans compter des options) une allocation de 1.200.000 fr. pour chacune des premières émissions, 1.800.000 fr. pour l'émission des valeurs à lots de 1888. Cf. Rapport Vallé, 1898, annexes 2992.

Pour couper court aux abus, une proposition de loi française voudrait

Quel régime politique n'a point connu ces heures douloureuses et démoralisantes pour la conscience publique ?

Cependant, sur l'initiative de spécialistes, de parlementaires ou de leur propre mouvement, parfois sous la poussée de scandales plus retentissants et de l'indignation populaire, les gouvernements se décident de plus en plus à intervenir dans le domaine des affaires. Et comme la société anonyme est le terrain préféré des manœuvres d'escroquerie et que, par elle surtout, est dévalisée la petite épargne, c'est surtout de ce côté que se sont dirigés lois, circulaires, projets.

La protection de l'épargne dans les sociétés anonymes.

Faisant allusion à ces abus, Jehring disait déjà que « les sociétés anonymes étaient les fléaux du temps moderne, plus néfastes que les guerres, les tremblements de terre, les famines ». M. Thaller [1] les compare à la forêt de Bondy.

Il importe donc d'organiser une répression rigoureuse de toutes manœuvres criminelles. « L'arsenal de nos lois, dit M. Thaller, est assez garni pour qu'il soit inutile de forger de nouveaux outils de protection. C'est l'emploi des outils actuels qui laisse le plus à désirer par suite de la vigueur de résistance des financiers, quand on les prend en chicane, de l'entregent qu'ils ont, de la crainte de les voir rebondir et se venger, et, disons-le même, de la force de corruption dont ils disposent. »

Pour protéger l'épargne, en plus du droit commun des contrats et des délits civils, il y a les articles 1, 2, 3, 13, 14 de la loi de 1867 sur les sociétés, il y a surtout l'art. 405 du Code pénal sur le délit d'escroquerie. « Si notre jurisprudence le voulait, écrit M. Planiol [2], il n'y aurait aucun cas qui pût échapper à la portée de cet article. »

Mais, en fait, il est dans les traditions du ministère public de n'agir que sur la plainte de la partie lésée. Par ailleurs, la partie civile hésite, en particulier par crainte des frais, à agir par citation directe. Aussi, d'après M. Léouzon Leduc [3], y a-t-il au plus une vingtaine de condamnations par an, la plupart se réduisant à l'amende.

---

interdire aux députés et sénateurs toute place d'administrateur dans les sociétés qui passent des contrats avec l'Etat, v. g. pour la construction de matériel de guerre. N'est-ce pas aller beaucoup trop loin et ne serait-il pas toujours possible à ces sociétés d'envoyer des hommes de paille au Parlement ?

1. Thaller, Syndicats financiers d'émission, organisation, responsabilités. *Annales de droit commercial*, 1911.

2. Planiol, *Revue critique*, 1893, p. 583. Cité par Thaller dans l'article précédent.

3. *Revue pol. et parl.*, avril 1909, juin 1910.

A la suite des affaires Rochette et du rapport du député de Folleville[1], M. Briand, garde des sceaux, créait, le 19 février 1912, au parquet de la Seine, une huitième section dite « section financière ». Dans ses instructions au procureur général près de la Cour d'appel de Paris, le ministre insistait sur « la nécessité de renforcer l'action du parquet en vue de réprimer plus sûrement les abus de la spéculation et du jeu, ainsi que les agissements frauduleux d'un certain nombre d'aventuriers de la Bourse et de la finance ».

Cette section est destinée à centraliser l'examen de toutes plaintes, de toutes dénonciations, de tous procès-verbaux, de tous rapports, l'étude et la direction de toutes procédures se rattachant par le caractère des faits qui y sont relevés à l'ordre de préoccupations qui précède : fraude dans la constitution des sociétés, émissions irrégulières, majoration d'apports, faux bilans, distributions de dividendes fictifs, contre-partie, etc., d'une manière générale toutes les infractions à la loi du 24 juillet 1867, tous les délits d'escroquerie et d'abus de confiance commis à l'occasion d'une opération financière.

M. Briand assure, en terminant, que « l'unité d'impulsion, de méthode et de contrôle régularisera l'action judiciaire et acheminera les magistrats vers les interventions et les sanctions nécessaires ».

A en croire les comptes rendus des journaux, cette section déploierait une véritable activité.

Pour beaucoup d'économistes, la loi de 1867 ne serait plus adaptée aux conditions actuelles des sociétés anonymes. Elle demanderait des réformes profondes. Et on pourrait dire de cette refonte générale ce que M. Thaller disait de la retouche des prescriptions sur les prospectus d'émission. « L'intervention de l'autorité, quelle qu'elle soit, rencontrera des adversaires, les partisans du « laisser faire quand même » : en matière de société, cette autorité va se mettre en travers de projets d'exploitation les plus dignes, sous prétexte qu'ils sont hasardés! La liberté des sociétés se brisera contre ce veto. Nous avouons ne pas nous faire de l'immixtion d'un pouvoir de contrôle semblable épouvantail ! »

La question est certainement des plus complexes. Mais les ravages causés aux actionnaires par les lanceurs malhonnêtes de sociétés anonymes sont tellement épouvantables qu'il importe d'y chercher des remèdes sages mais énergiques. La petite épargne française particulièrement, si importante et si cruellement éprouvée, en a un besoin tout spécial. D'ailleurs les pays étrangers nous ont déjà devancés dans la voie des réformes.

1. Cf. *J. O.*, 1911, *Doc. parl.*, ann. n° 814.

Projets de réforme de la loi sur les sociétés anonymes.

Le problème des sociétés anonymes est à l'ordre du jour. Publicistes, parlementaires, s'en sont occupés. Citons en particulier le projet d'une commission extraparlementaire, les propositions d'un député, M. de Folleville, à la suite de l'affaire Rochette, le rapport de M. Chastenet. Voici les points principaux des réformes demandées.

D'une manière générale, elles viseraient tout spécialement à organiser une plus large publicité pour permettre au futur actionnaire de souscrire en connaissance de cause.

Période de constitution de la société. — Pour éviter la fictivité des souscriptions et des versements, la commission extraparlementaire, le rapport Chastenet... proposent le versement du premier quart (de la moitié, voudrait M. Colin) à la Banque de France, à la Caisse des dépôts et consignations ou au Crédit Foncier. Le retrait n'en pourrait être opéré que sur la signature de tous les administrateurs (responsables solidairement).

Le point capital, c'est le prospectus, la notice, chargée d'attirer les souscripteurs. En 1912, M. Klotz, ministre des Finances, nommait une commission « pour étudier certaines questions relatives aux annonces et prospectus concernant l'émission, la mise en souscription, l'exposition en vente ou introduction de titres étrangers et pour rechercher les dispositions législatives tendant à l'interdiction de toute énonciation publique visant l'admissibilité à la cote ».

« La loi française, dit M. Thaller [1], exige des renseignements insignifiants. » Comme la loi allemande, le projet français de 1903..., elle devrait exiger que le prospectus contienne les indications essentielles de nature à permettre au public de se former une opinion sur la société ; par exemple, dit M. Neymarck, outre l'objet de l'entreprise, les noms, professions et domiciles des administrateurs (signatures légalisées), au besoin le dernier bilan, le montant des obligations déjà émises avec l'énumération des garanties qui y sont attachées, les garanties sur lesquelles repose la nouvelle émission. Quand il s'agit de la création, de l'augmentation, de la diminution du capital, d'une conversion de titres, il faudrait indiquer le but de la publication. Comme la loi anglaise, ajoute M. Thaller dans l'article cité [2], il faudrait prescrire la publication des contrats traités par les fondateurs de la société pour l'acquisition du matériel social, pour l'exécution des travaux d'établissement. Afin que le public pût les consulter, la notice devrait indiquer où ils seraient déposés. M. Thaller propose même un rapport d'ingénieur sur la richesse des apports, l'état de l'invention après la période des essais ; la

1. *Annales de droit commercial*, 1911, p. 90.
2. Le Rentier, 17 août 1911.

notice devrait aussi être apostillée, homologuée par une autorité. Laquelle ? Le choix est embarrassant. En Allemagne, par exemple, une commission spéciale représentant la direction de la Bourse examine le prospectus, et, après enquête, décide de l'admission du titre. En tout cas, la loi actuelle est insuffisante pour les responsabilités encourues par l'inexactitude des énonciations. Elle les sanctionne seulement d'une amende. La jurisprudence anglaise est impitoyable.

La vérification des apports et des avantages particuliers est également d'une très grande importance vu les fraudes très graves qui s'y commettent. M. Colin réclame [1] avec la législation anglaise (de 1900 et 1907), allemande, avec le projet belge, un prospectus contenant les renseignements les plus minutieux sur l'énumération des apports, leur mode de paiement, l'indication des avantages accordés aux fondateurs, aux intermédiaires employés pour la souscription. Il demande aussi (contre la commission extraparlementaire) qu'au lieu du commissaire aux apports, il y ait 2 experts : 1 expert technique et 1 expert comptable, désignés tous deux par la société sur une liste dressée par le tribunal de commerce, avec interdiction pour les experts d'être administrateurs de sociétés anonymes.

M. Chastenet propose que le bulletin de souscripteur (à imposer pour constater l'accord intervenu entre la société et le souscripteur) fasse mention des apports, de leur mode de rémunération et des avantages stipulés.

Si les parts de fondateur ont été données à un apporteur à titre d'apporteur (et non de fondateur), elles ne devront être négociables, d'après M. Chastenet, qu'au bout de 2 ans, tout comme les actions d'apport.

Pendant le fonctionnement de la société. — Le but visé, c'est de donner à l'actionnaire une connaissance sérieuse de la marche de l'affaire. Tout revient donc à assurer la sincérité du rapport des administrateurs et du bilan. Actuellement, pas de prescription dans la loi française contre les majorités fictives, sur la composition du bilan.

M. Colin demande que le choix des commissaires des comptes soit fait, partie librement par l'assemblée générale, partie sur une liste d'experts comptables dressée par le président du tribunal de commerce [2], que les administrateurs ne prennent point part au vote relatif

1. Cf. Guilmard, Marché libre de la Bourse, p. 122.

2. Le projet Renoult demande que toute société ait un commissaire des comptes assermenté et que ce commissaire puisse assister aux réunions du conseil, vérifier toutes les écritures, qu'il adresse un rapport trimestriel aux commissaires des comptes nommés par la société, et qu'il soit tenu d'examiner tout point qui lui serait signalé au moins par le 1/5 des actionnaires : il dresserait de plus immédiatement un rapport de ses observations. D'après le projet, ces commissaires assermentés feraient partie d'une commission officielle et tiendraient leurs pouvoir du ministère du Commerce. Actuel-

à l'approbation de leur propre gestion. D'après le rapport Chastenet, ces commissaires des comptes — comme le conseil de surveillance dans les commandites et certains comités de censeurs créés par l'initiative de plusieurs grandes banques françaises — auraient le droit de vérifier, toutes les fois qu'ils le jugeraient utile, les livres, la caisse, le portefeuille, les valeurs de la société ; tous les propriétaires d'un nombre d'actions inférieur à celui déterminé pour être admis dans l'assemblée, pourraient se réunir pour atteindre le quorum et se faire représenter par l'un d'eux ; les dépositaires de titres ne pourraient représenter les déposants qu'avec un pouvoir spécial. Tout actionnaire, 15 jours au moins avant la réunion, pourrait prendre connaissance de la liste des actionnaires, de l'inventaire, du rapport des administrateurs.

La pièce centrale est le bilan. La commission extraparlementaire, le projet de loi, la proposition Chastenet, ont renoncé à exécuter cette partie du programme. Cependant, « ces errements détestables (sur le caractère sommaire des bilans), dit M. Hollander, sont aujourd'hui suivis par toutes les sociétés — fût-ce les plus importantes et les plus honorables ; — notamment il est presque exceptionnel de voir l'actionnaire mis au courant, à l'heure actuelle, de la composition exacte du portefeuille social et de sa valeur réelle ». Cependant, les législations étrangères ont une grande avance. La loi anglaise édicte les principes généraux et donne des modèles de bilans [1]. Sans doute le Congrès international des sociétés par actions et des sociétés coopératives (Bruxelles,

lement en France, si les actionnaires se défient de la sincérité des commissaires, il n'y a aucun moyen de les contrôler. En Angleterre, les commissaires sont choisis dans les associations de comptables experts. En Allemagne, un nombre d'actionnaires représentant 1/10 du capital social peuvent requérir des experts reviseurs. (Cf. Verley, Le bilan.)

Une telle charge requiert de grandes qualités de compétence, d'honorabilité, d'indépendance. L'Angleterre a des associations de comptables experts (« Chartered accoutant »). En France s'est fondée, en 1912, la « Compagnie des experts-comptables de Paris », se proposant, aux termes de ses statuts, de soumettre ses membres titulaires à un contrôle disciplinaire susceptible d'offrir au public toutes les garanties désirables (cooptation rendue possible par les prescriptions rigoureuses du règlement sur les conditions intellectuelles et morales. La pratique d'un négoce quelconque, tout emploi qui ferait de lui un subordonné, toute forme de publicité tapageuse ou déplacée, sont interdits à l'expert-comptable sous des sanctions disciplinaires : un conseil de discipline juge « tout acte contraire à l'honneur ou aux règles professionnelles » et peut appliquer l'avertissement, la censure ou la radiation). L'association offre ses services au public en vue d'organiser, de redresser, de contrôler, de vérifier ou d'apprécier les comptabilités et comptes de toute nature. (Cf. Bellom. La production de l'épargne, *Revue pol. et parl.*, sept. 1913, p. 477.) D'après M. Bellom, la loi devrait prescrire que les bilans et autres documents comptables soient certifiés sincères par un comptable dûment qualifié. Ce serait une intervention légale immédiatement réalisable avec cette Compagnie des experts-comptables de Paris.

1. En Allemagne, les actionnaires peuvent exiger dans le contrôle annuel du bilan l'intervention d'experts reviseurs.

septembre 1910), a conclu à l'impossibilité de fixer légalement des règles minutieuses destinées à assurer une confection automatique et uniforme, mais il demande cependant, vu les abus, que la loi exige une réglementation organique du bilan (élaboration annuelle d'un bilan et suivant une formule librement choisie mais toujours identique, indication des bases adoptées et des procédés employés pour les évaluations tant des marchandises que du portefeuille...). Liefmann demande que dans les sociétés à participations financières dont l'actif se compose au moins pour 1/10 d'actions de filiales, le bilan distingue les actions que la société veut garder comme participations celles qu'elle compte vendre au cours du prochain exercice, celles qui sont encore sujettes à des versements.

Dans le mois qui suivrait l'assemblée générale, le bilan annuel, le texte des résolutions, le compte des profits et pertes, devraient être obligatoirement publiés au Bulletin annexe du *Journal Officiel*. C'est l'avis de beaucoup de spécialistes : M. Neymarck, Chastenet... D'ailleurs, les sociétés honnêtes réclament la publicité avec instance, certaines lois étrangères l'ont déjà rendue obligatoire : ainsi en Angleterre le bilan doit être déposé à l'enregistrement.

Pour que cette publicité fût vraiment accessible aux actionnaires, il faudrait en centraliser les documents dans une institution qui, moyennant une légère rétribution, les communiquerait à toute demande. C'est le but de la « Somerset-House » de Londres où, pour un shelling, on peut se procurer sur toute société un dossier : statuts, changements survenus dans le personnel administratif, liste des actionnaires, bilans, comptes de profits et pertes. Pour les sociétés elles-mêmes, cette publicité — obligatoire — ne coûte que 1,6 shelling par exercice.

En France, pour le moment, dit M. Géo Gérald [1], l'épargniste qui veut se documenter sur une affaire dans laquelle il a engagé ou voudrait engager ses capitaux, est obligé de se rendre aux greffes des localités où cette société a son domicile, greffes qui peuvent être situés à l'autre bout de la France ; il lui faut encore consulter la collection du « Bulletin des annonces légales obligatoires »... Avec les renseignements actuellement dispersés entre les greffes et le Journal Officiel, il faudrait organiser un Office national des sociétés anonymes qui constituerait pour chaque société un bureau d'état civil avec un dossier qui serait communiqué sur place ou à distance à tout intéressé moyennant une très modeste rémunération... Ce ne serait donc pas un « Conseil financier de la nation, ... mais un instrument de vulgarisation, de démocratisation de la publicité imposée par la loi aux sociétés commerciales. » D'après M. Géo Gérald, pour que l'épargniste ne croie pas que la présence à l'Office des sociétés d'un dossier relatif à telle entreprise constitue pour cette dernière un brevet de productivité et d'honorabilité, cet office doit fonctionner en dehors des pouvoirs publics. Ce sera par exemple un établissement public sous le patronage du parquet et de la coulisse.

1. Le Parlement et l'opinion, 10 juillet 1913, p. 1.

L'initiative privée vient de résoudre le problème en partie.

Au mois de juin 1913, l' « Association nationale des porteurs français de valeurs étrangères », grâce au concours et sous le patronage de la Chambre syndicale des agents de change, s'est transformée en « Office national de valeurs mobilières », dans le but de centraliser les documents relatifs aux valeurs mobilières. L'Office national met à la disposition des porteurs ses archives qui renferment : 1° les documents qui visent les titres des sociétés françaises et étrangères émis ou introduits en France (statuts, rapports, bilans annuels, prospectus...) ; 2° les documents officiels concernant les fonds d'Etats (budgets, exposés financiers, statistiques...) ; 3° les annuaires et cotes des divers marchés, la collection des principales revues financières françaises ou étrangères et autres publications juridiques et économiques susceptibles d'intéresser les porteurs.

M. Linol aurait désiré que cette institution fonctionnât auprès de la Chambre de commerce de Paris sous le régime d'une prescription impérative de la loi[1].

Liefmann propose aussi un contrôle plus sérieux des tantièmes d'administrateurs ; d'après lui[2], ils ne devraient les toucher qu'après le prélèvement d'un dividende de 4 %[3].

Les droits des obligataires seraient à protéger d'une manière plus énergique. Les obligations d'entreprises industrielles représentent des capitaux considérables.

En Allemagne, environ 4 milliards de marks étaient ainsi placés (en 1910) dans des entreprises (sans compter les obligations hypothécaires). En Amérique, le seul trust des tabacs avait 56 millions d'obligations privilégiées à 6 %, 78,7 millions d'obligations à 4 % (pour 80 millions d'actions privilégiées et 40 millions d'actions ordinaires). Certaines firmes exagèrent les émissions d'obligations, mettant ces emprunts en grave danger.

Aussi des économistes voudraient que la loi concédât aux obligataires dans les assemblées générales une représentation avec pouvoir d'arrêter les mesures qui compromettraient gravement leurs intérêts.

Les projets étudiés plus haut exigent aussi des garanties pour les émissions d'obligations.

1. *Revue politique et parlementaire*, sept. 1913. Bellom. En faveur de la petite épargne.

2. Lieffmann, Unternehmungsformen, p. 116.

3. Schmoller, en conclusion d'une étude très précise et très documentée sur les entreprises intégrées, réclame une mainmise pesante de l'Etat sur la direction de ces exploitations. C'est le moyen pour lui d'éviter les abus du monopole. Il demande au gouvernement de l'empire d'obliger les sociétés anonymes d'un capital supérieur à 75 millions de M. (en actions et obligations) d'ouvrir pour un quart leur conseil de surveillance aux personnes désignées par le chancelier de l'empire ou les gouvernements des Etats comme capables de concilier les intérêts économiques et politiques de l'Etat avec ceux de la société anonyme. Il faudrait exiger ces mêmes qualités du quart des directeurs. La moitié du dividende supérieur à 10 % serait versé à l'empire et aux Etats. Ces mesures atteindraient-elles leur but ? A l'expérience de le montrer. Elles sont en tout cas exorbitantes. (Cf. H. Pesch, Lehrbuch der Nationalökonomie.)

Intermédiaires dans le commerce des valeurs.

Le développement considérable des sociétés anonymes a constitué un marché des valeurs extrêmement important. Le nombre des transactions s'est augmenté de par la facilité même qu'offrent les Bourses modernes avec leurs intercommunications très intimes de se porter acheteurs ou vendeurs des grandes valeurs internationales. Ce commerce si étendu et si important pour les intérêts de l'Etat comme des particuliers, a reçu une organisation remarquable, très variable d'ailleurs selon les pays.

La France a sacrifié en partie la liberté des négociations à la sécurité du public. Les agents de change (ils sont 70 à Paris) peuvent seuls « négocier les effets publics et autres susceptibles d'être cotés, les lettres de change, constater les cours des valeurs mobilières, du change des matières métalliques, certifier les transferts et les signatures. » Ils ont donc un monopole : par contre ils offrent au public des garanties toutes particulières d'honorabilité et de solvabilité par leur organisation corporative. La Chambre syndicale, nommée tous les ans par les agents de change, exerce une surveillance sur les membres de la corporation, elle peut les blâmer, même provoquer leur suspension; elle détermine les taux de courtage; sous l'autorité du ministre des Finances elle a tout pouvoir pour accorder, refuser, suspendre ou interdire la négociation d'une valeur autre que les fonds d'Etat français; surtout, vu la solidarité financière de tous les membres de la corporation, la Chambre syndicale ne peut se refuser à exécuter le marché pour le compte de l'agent de change en défaut. L'agent de change ne peut faire d'affaires pour son compte [1].

A côté du marché officiel, par une lente évolution historique et les besoins du commerce, s'est constituée la « coulisse » ou « marché en banque ». Son chiffre d'affaires est considérable [2]. En 1905, d'après le « Manuel Canon », il y avait 182 maisons de coulisse : 30 inscrites seulement à la rente, 16 aux valeurs, 48 au comptant, 43 aux valeurs et au comptant, 5 à la rente et au comptant, 3 à la rente et aux valeurs, 37 aux trois feuilles (au comptant, aux valeurs, à la rente).

1. Il ne peut être question ici de discuter la question du monopole des agents de change. Il s'agit seulement de décrire l'organisation actuelle et en se bornant à la France.

2. D'après M. Neymarck (Rapport de 1911 à l'Institut international de statistique) l'ensemble des valeurs mobilières françaises et étrangères (fonds d'Etat compris) cotées et négociables officiellement à la Bourse de Paris s'élève exactement (d'après la statistique de la Chambre des agents de change) à 142.513 millions (ajouter 5 à 6 milliards pour les valeurs cotées aux Bourses départementales). Les valeurs en banque (c'est-à-dire marché en banque réglementé ou coulisse) s'élèveraient à 21 ou 22 milliards.

Pour se donner un caractère légal, les banquiers-coulissiers ont constitué des syndicats avec des règlements intérieurs pour l'admission des membres, l'admission des valeurs à leur cote, la constitution de cette cote : ce sont le « Syndicat des banquiers en valeurs à terme près la Bourse de Paris », le « Syndicat des banquiers en valeurs au comptant près la Bourse de Paris », le « Syndicat des banquiers en rente près la Bourse de Paris. »

En dehors de ces coulissiers « inscrits » il y a les « non-inscrits » composant le « marché hors-banque », le « marché hors-cote » ou, comme les appelle M. Guilmard, le « marché libre de la Bourse de Paris ». « Sur ce marché, dit M. Guilmard, quiconque se disant banquier peut émettre, introduire des titres avec une liberté absolue, vu les lacunes de la législation actuelle, sans aucun contrôle, sans les garanties personnelles qu'offrent les banquiers inscrits à la feuille des syndicats ». « De plus, l'absence d'une cote unique [1] enregistrant les cours cotés avec des garanties égales à celles que l'on trouve sur le marché en banque met le public en quelque sorte à la merci des négociateurs : tous les intermédiaires peuvent se permettre un écart entre les cours de vente et ceux d'achat. Quand (et c'est un fait général) le marché de la valeur est étroit et irrégulier, ou nul, ou travaille pour un groupement de banquiers, les cours cotés ne répondent pas à la résultante de l'offre et de la demande, ils sont ce que les meneurs de la valeur veulent. » Dans certains cas, même, le banquier n'occasionne que de loin en loin, par des transactions très espacées, la cotation d'une valeur, pour obtenir un cours à sa guise et l'appliquer à de nombreux souscripteurs.

Nous sommes ici dans le domaine des banquiers véreux, des intermédiaires suspects qui veulent lancer dans le public des débris d'affaires étrangères, de sociétés en faillite, des inventions chimériques, des titres fantaisistes, à l'aide de « Comptoirs », de « Crédits », de « Banques », de « journaux »... Ces manœuvres sont d'autant plus dangereuses que de plus en plus les émissions ou les introductions de valeurs se font par l'intermédiaire des banques et des sociétés de crédit [2] :

1. « Il existe, dit M. Guilmard (Marché libre de la Bourse de Paris), plusieurs cotes libres dont la fonction est d'enregistrer, de publier les cours pratiqués sur les valeurs de ce marché libre et qui le font sous leur responsabilité personnelle : les principales sont le « Cours de la Banque et de la Bourse » ou « Cote Desfossés », la « Cote de la Bourse et de la Banque » (cote Vidal), la « Cote »... Ces cotes tiennent à s'entourer de précautions à l'égard des valeurs pour lesquelles l'admission leur est demandée. Elles se font une obligation de se renseigner sur les conditions de l'émission, elles ont en Bourse même des coteurs qui enregistrent les cours pratiqués leur paraissant sincères. Enfin, elles admettent, sous certaines conditions, des oppositions à cotation... Certaines cotes mélangent les valeurs du marché libre et celles du marché en Banque au comptant réglementé. L' « Information » et le « Répertoire financier » les distinguent au contraire et avec grande raison... Ces cotes sont maîtresses absolues de leur publication.

2. D'où la très grande importance des banques et des sociétés de crédit

Seules ou groupées en syndicats, ce sont elles, en général, qui se chargent de lancer et de placer dans le public actions ou obligations. Beaucoup de ces opérations financières se font avec la plus grande honnêteté : mais également,

« Il existe... surtout à Paris, dit M. Pourquery de Boisserin (Chambre des députés, séance du 11 mars 1913), nombre de banquiers qui organisent de véritables entreprises d'escroquerie ; ils viennent on ne sait d'où, fortune faite ils repartent. Ils portent pour la plupart des noms fort étrangers qui souvent ne sont pas les leurs. S'ils échouent dans leurs entreprises, ils changent de quartier, de nom et d'enseigne. S'ils sont déclarés en faillite ou poursuivis, le procureur de la République est paralysé par l'impossibilité d'établir leur identité... Une faillite importante fut un jour déclarée par le tribunal de commerce de la Seine. On n'a jamais établi l'identité de l'étonnant banquier.

Chaque jour des annonces financières sont publiées, des circulaires répandues à profusion sans qu'il soit possible d'en déterminer les auteurs. Parfois cette publicité paraît émaner d'établissements importants qui s'appellent « Banque générale de..., Comptoir national de..., Caisse nationale de... », alors qu'elle est l'œuvre d'un seul et unique individu dont l'état civil est ignoré, qui ne possède pas un bail en son nom et pousse l'audace jusqu'à se contenter de prendre des lettres chez quelque concierge, jusqu'au jour où, triomphalement, il étale sa fortune, fondée sur la misère et la ruine.

Je sais que, mensuellement, en 1912, les banquiers visés par mon amendement ont arraché à l'épargne 100 et 120 millions... Les valeurs remises à nos concitoyens ne représentent rien aujourd'hui, ou à peu près rien. »

M. Marc Réville signale à son tour ces escrocs qui, « sans appartenir à aucune raison sociale, parcourent la ville et la campagne en présentant sous les perspectives les plus attrayantes des titres sans avenir, sans présent même, sur lesquels le mouvement de hausse factice déjà déterminé va faire, au premier jour, place à une baisse définitive, et sur lesquels ils promettent les bénéfices les plus considérables. On les voit partout, ils vont jusque dans les cafés aux abords des foires, abordent les paysans qui ont encore sur eux le prix de leurs bestiaux. Ils leur disent : Vous venez de vendre une paire de bœufs dont le prix pourrait vous être volé s'il rentrait dans votre maison : confiez-moi donc ces fonds et je vais vous faire gagner gros sur les valeurs à l'achat desquelles je vais les employer...

... Il arrive que par des prospectus toujours imprimés luxueusement sur du beau papier, on va chercher, jusqu'à son domicile, même et surtout l'illettré, ou celui qui, ayant passé toute sa vie à mettre de côté de maigres économies pour ses vieux jours, est resté, faute de temps ou d'instruction, étranger aux affaires de Bourse.

---

sur le marché financier. « Non contente de cette conquête sur le marché financier officiel, dit le *Temps*, 7 juillet 1913, *Semaine financière*, la société de crédit a entendu détourner à son profit les remises consenties par les agents de change aux intermédiaires de profession. Elle est devenue le véritable remisier des charges d'agents de change, puisque c'est elle qui reçoit la majeure partie des ordres de la clientèle pour la régularisation desquels il lui suffit de se procurer le bordereau officiel. »

On a toutes les audaces à cet égard. Dernièrement je recevais moi-même de Londres un prospectus dans lequel on me proposait... un bénéfice de 10 % par mois. »

C'est pourquoi M. Pourquery de Boisserin proposait d'insérer dans la loi de finances 1913, l'art. 38 *ter* suivant :

« Toute personne condamnée pour vol, escroquerie, abus de confiance, faux, usage de faux ou infraction à la présente loi et tout failli non réhabilité ne pourront ouvrir, ni tenir ou déplacer une maison de banque, de change ou un établissement similaire, ou une succursale, sous peine de 6 jours à un mois de prison et de 16 à 5.000 fr. d'amende, sans préjudice de la fermeture de l'établissement. »

Cet article voté par la Chambre des députés a été disjoint par le Sénat.

Un autre amendement (de M. de Monzie) visait à rendre plus loyales [1] les relations des banquiers avec leurs clients : comme la loi de finances 1912 avait déjà interdit à la Bourse des marchandises la contrepartie vis-à-vis des non professionnels, M. de Monzie voulait incorporer à la loi de finances 1913 l'article suivant (avec certains compléments nécessités par les besoins du marché) :

« Toute personne faisant le commerce habituel de recueillir des offres et des demandes de valeurs mobilières, ne peut traiter par marché direct des opérations sur toutes valeurs autres que celles dont la négociation est régie par l'article 76 du Code de commerce, si ce n'est avec une autre personne exerçant la même profession.

Toute convention contraire par laquelle il sera dérogé aux règles du mandat ou de la commission, ne produira aucun effet juridique. »

L'article a été disjoint de la loi de finances.

1. « Quand un donneur d'ordres, un client, un petit capitaliste, disait M. de Monzie, s'adresse à un intermédiaire, banquier, coulissier, agent de change, il le fait non pas seulement pour donner un ordre, mais pour recevoir un conseil et il ne peut concevoir que celui-là à qui il s'adresse, en lui donnant sa confiance, sera demain son adversaire. » Or, c'est ce qui arrive « dans la contrepartie revêtant la forme d'un contrat direct, c'est-à-dire d'un contrat de vente plaçant le donneur d'ordres en face de celui qui le considère comme son mandataire, qui doit être, en effet, présumé tel, mais qui, dans la réalité, travaillant pour son propre compte, devient l'adversaire de son client... » il est bien évident que lorsqu'un banquier joue, spécule ainsi contre son client (et à son insu), « lorsqu'il est vendeur en face de son client acheteur, ou acheteur en face de son client vendeur, il n'est plus l'intermédiaire sûr et consciencieux, l'homme de confiance ».

Education financière de la petite épargne.

Si précise, si audacieuse que soit la loi, elle ne pourra jamais prévenir toutes les ruses de l'esprit d'escroquerie. Même un principe pénal, très large, très souple, appliqué par un parquet très vigilant, ne préférant point à la sécurité du public une extrême prudence, ne pourra jamais atteindre les exploits des financiers véreux, encore moins effrayer, arrêter ces écumeurs de petites bourses ; c'est à l'épargne de se défendre elle-même, à se faire sur les placements une éducation de sagesse et de modération. « Nous ne croyons pas, dit M. Leroy-Beaulieu, qu'il y ait sur terre de capitaliste plus audacieux que le petit et le moyen capitaliste français. Vous leur offririez des actions de chemins de fer ou de canaux, je ne dis pas dans la lune qui est trop connue, mais dans Mars ou Saturne qu'il se trouverait parmi eux des souscripteurs. » Ajouter foi à des charlatans qui promettent du 10 % par mois, il y a là peut-être beaucoup plus d'inconscience que de malhonnêteté ; mais quelle ignorance des conditions économiques !

Il est très facile de conseiller à l'actionnaire de ne pas s'en remettre aveuglément à son banquier, de suivre lui-même son affaire dans les journaux spéciaux, les rapports des administrateurs, les bilans... Mais depuis la diffusion des valeurs mobilières dans les éléments de la société française les plus humbles, les moins instruits, que de personnes sont absolument incapables de comprendre le langage technique de ces documents, encore moins de juger de la sécurité de l'avenir d'une entreprise ! M. Guilmard dit que la presse financière a fait de grands progrès depuis douze ans. Malheureusement qui orientera le petit épargniste dans ce fatras de journaux, de revues, de prospectus qui tous protestent du plus profond attachement à la cause de leur client, affirment avec éclat leur complète indépendance, leur entière sincérité ? Combien de ces feuilles cependant, surtout parmi les moins chères, ne sont que les recruteurs de sociétés véreuses, de maisons de jeu ! Les grandes banques de dépôt, en centralisant les ordres de Bourse, arrachent l'épargne aux escroqueries plus spécialement éhontées. Mais il reste encore, il se fonde même tant de ces maisons de crédit, dont le seul but est de lancer des titres véreux [1] ! Poussées par une publicité intense, ces « valeurs éruptives » montent rapidement, attirent nombre de « gogos » pour disparaître plus subi-

1. Souvent aussi ce sont des officines de jeu où le banquier attire ses dupes. Il leur fait signer des formules obscures qui lui concèdent des droits exorbitants, et ensuite, à l'occasion, armé du Code, il fait annuler comme illégaux les marchés qu'il a lui-même sollicités. Cf. Guilmard : Faux marchés à terme.

tement encore... avec les modestes ressources de pauvres travailleurs, de petits retraités, accumulées lentement à coup d'économies et de privations pour une vieillesse plus douce. Certes tous ces actionnaires ne sont pas dignes de commisération. Certains d'entre eux avaient bien remarqué les allures louches de l'affaire ; ils espéraient un bon coup ; d'autres s'étaient bien rendu compte des aléas de l'entreprise, ils acceptaient les risques avec les chances d'un heureux placement. Ils ont été déçus tout simplement. Mais comment inspirer une méfiance prudente à ces employés, ouvriers, petits commerçants, qui, éblouis par les promesses mirifiques des charlatans, espèrent grossir leurs économies et assurer leurs vieux jours ? Comment, au cas de banqueroute, défendre leurs intérêts, leur obtenir quelques épaves ?

L' « Association nationale des porteurs français de valeurs étrangères » a été fondée dans ce but en 1898, et elle a déjà rendu de grands services à notre épargne.

Pour faciliter aux porteurs de valeurs étrangères négociées en France la sauvegarde de leurs droits en cas de péril, l'Association recourt aux moyens suivants : formation de groupements ou comités de défense[1], constitution à titre permanent d'un syndicat ou société civile d'obligataires pour contrôler la marche d'une entreprise reconstituée après un concordat ; l'association a parfois créé des commissions d'études sur telle question juridique ou financière, réuni des archives sur telles valeurs...[2].

Très souvent, dans le cas d'escroquerie, il n'y a plus rien à sauver. Une loi des sociétés peut sans doute prévenir un grand nombre de ces vols organisés, par des prescriptions rigoureuses et précises sur la publicité des prospectus et des bilans. Encore doit-elle être très aidée par une épargne avertie et bien éduquée. C'est à chacun de gérer sa fortune, et c'est ainsi que nous arrivons à un des problèmes les plus aigus et les plus pressants de notre vie économique. Une grande partie de la richesse privée se compose de valeurs mobilières. Comment faire ses place-

1. V. g. L'association nationale des porteurs français des valeurs étrangères, lors de la faillite de la Compagnie générale de Rio de Janeiro, réunit (23 avril 1913) les porteurs français d'obligations de cette Compagnie. Ceux-ci (150) repoussent le projet de réorganisation de la société, nomment un comité de défense.

2. Cf. M. Bellom : La protection de l'épargne, *Revue politique et parlementaire*, septembre 1913, p. 474. — *Le Temps* (21 juillet 1913. Semaine financière) souhaiterait également la « création d'un Office de défense fiscale ». Syndiqués, les innombrables porteurs de valeurs mobilières pourraient opposer une résistance plus ferme « à la fiscalité qui les enserre de tous côtés ».

ments [1] ? Comment composer son portefeuille ? Banquiers, notaires, avocats, tous ces conseillers — nés de la petite et de la moyenne épargne, encourent sur ce point une grave responsabilité. Et la presse ! la presse qui se proclame la grande éducatrice, qui, en fait, exerce sur les esprits une influence si profonde ? Elle prétend façonner les cerveaux ; être leur guide dans les questions politiques, morales, religieuses. Faut-il encore lui demander des consultations sur l' « art de gérer sa fortune » ? Le journaliste est d'ordinaire si piètre théologien, si mauvais philosophe, confesseur si léger ! Serait-il financier plus honnête ? Disons : mieux entendu ? Tout au moins si le journal s'enhardit à faire sur les émissions, les placements, un cours pratique, aurait-il aussi l'audace de céder sa sixième page et son bulletin financier à des réclames hasardeuses, parfois malhonnêtes ? Croira-t-il dégager sa conscience en les précédant de la courte observation : « La direction ne prend pas la responsabilité des annonces » ? Cependant, c'est ce bulletin, cette réclame qui amènera le lecteur à prendre cette valeur et à vider son porte-monnaie sans retour [2].

En pareille matière, la loi et les connaissances techniques — pour efficaces qu'elle puissent être — ne suffiront jamais à prévenir toute exploitation malhonnête. Depuis cinquante ans, le développement prodigieux du commerce et de l'industrie a bouleversé toutes les vieilles formes de la vie économique. Sur les ruines de la petite et de la moyenne entreprise au débouché local, tout au plus national, se sont étendues largement les puissantes organisations du capitalisme moderne, d'un rayonnement international : sociétés anonymes, fusions, combinaisons, concentrations financières, cartells et trusts. Résultat d'une évolution fatale, on peut, par les obstacles artificiels d'une loi, retarder la marche de leur développement, non point la bloquer. Aussi bien les institutions répondent à des besoins nouveaux, et elles ont réalisé des progrès économiques importants, indéniables, qu'il serait imprudent de ruiner.

D'ailleurs, au point de vue moral ces changements sont en eux-mêmes indifférents, tant que des abus ne viennent pas les compromettre. Malheureusement, chez nos contemporains la

1. Les bonnes vieilles « valeurs fondamentales », les placements de père de famille, ont eux-mêmes subi des baisses considérables. Les consolidés (qui en 1899 étaient cotés à 112) ont perdu (si on les considère en 1912) 31 % de leur maxima (pour le capital), et 16 1/3 % de leur revenu. Cf. Articles de M. Leroy-Beaulieu sur les placements dans l'*Economiste français* en 1912 et 1913.

2. Pour ces raisons, tel journal parisien du matin a renoncé à son bulletin financier et à l'usage des annonces d'émissions. L'exemple méritait d'être relevé.

fièvre des créations industrielles et commerciales a aiguillonné, exaspéré l'éternel esprit de matérialisme. Plus que jamais, les traditions d'honneur familial, l'intégrité, l'honnêteté individuelles, ont perdu de leur valeur dans l'estime publique ; en leurs lieu et place s'est imposée la domination de la richesse. Or celle-ci, dans l'organisation actuelle de la société, s'entretient, se refait, s'augmente d'elle-même par les placements mobiliers, elle met à son service la force de travail, les talents de l'ingénieur, de l'homme d'affaires, elle se fait le pourvoyeur de tous les plaisirs : toujours plus s'affirme le « règne de l'argent ». Amasser rapidement une grosse fortune, la dépenser à pleines mains, la conserver ou la reconstituer, l'augmenter avec une ardeur insatiable, c'est devenu pour beaucoup le seul but de la vie. Ceux qui réussissent d'une manière éclatante sont les « surhommes », peut-être même s'ils recourent au jeu, à la concurrence déloyale, aux malhonnêtetés, aux escroqueries. C'est un mal très ancien, — mais auquel les formes du capitalisme moderne ont fourni des ressources énormes — et qui a pris ainsi une extension inouïe. Comme le disait M. A. Leroy-Beaulieu dans son étude sur « le règne de l'argent » : « Nous sommes en face d'un mal moral et à un mal moral, nous ne saurions trop le répéter, il faut des remèdes moraux. » La presse, l'antisémitisme, la loi, les impôts sur la Bourse, l'ingérence de l'Etat, c'est insuffisant « contre le goût du luxe, la fièvre de jouissance, l'immorale morale des affaires que chacun fait sienne... Contre tout cela, il faut le sentiment religieux, la foi en Dieu, le sentiment du devoir et de l'honneur [1] ».

1. *Revue des Deux-Mondes*, 15 janvier 1898.

BAR-LE-DUC. — IMPRIMERIE BRODARD, MEUWLY ET Cie
36, BOULEVARD DE LA BANQUE. — 6537,11,13.

Documents manquants (pages, cahiers...)

NF Z 43-120-13

www.ingramcontent.com/pod-product-compliance
Ingram Content Group UK Ltd.
Pitfield, Milton Keynes, MK11 3LW, UK
UKHW020158200726
13856UKWH00003B/1060

9 782011 945976